THE WAR OF THE CIVILIZATIONS

BEING THE RECORD OF A FOREIGN DEVIL'S EXPERIENCES

WITH THE ALLIES IN CHINA

BY GEORGE LYNCH

亲历中国丛书

主编：李国庆　郭又陵

QINLIZHONGGUOCONGSHU

文明的交锋

一个“洋鬼子”的八国联军侵华实录

（英）乔治·林奇◎著

（美）王铮　李国庆◎译

国家图书馆出版社

图书在版编目(CIP)数据

文明的交锋:一个"洋鬼子"的八国联军侵华实录 / (英) 乔治·林奇著 ; (美)王铮, 李国庆译. —北京 : 国家图书馆出版社, 2011.5

ISBN 978-7-5013-4592-2

Ⅰ. ①文… Ⅱ. ①林… ②王… ③李… Ⅲ. ①八国联军—侵华—史料 Ⅳ. ①K256.706

中国版本图书馆 CIP 数据核字(2011)第 007954 号

书名 文明的交锋:一个"洋鬼子"的八国联军侵华实录

著者 (英) 乔治·林奇著 (美)王铮 李国庆译

出版 国家图书馆出版社(100034 北京市西城区文津街7号)

(原北京图书馆出版社)

发行 010-66139745,66175620,66126153

66174391(传真),66126156(门市部)

E-mail btsfxb@nlc.gov.cn(邮购)

Website www.nlcpress.com → 投稿中心

经销 新华书店

印刷 北京华正印刷有限公司

开本 880×1230(毫米) 1/32

印张 7.5

版次 2011年7月第1版 2011年7月第1次印刷

书号 ISBN 978-7-5013-4592-2

定价 35.00元

译者前言

110年前的北京之夏，天气不似今年这么热，当时的执政者还是躲出京城凉快去了。那是因为……洋鬼子来啦，而且又是带着先进的枪炮，不请自来的！老牌帝国主义英国的史书记载，这批洋人为八国联军，共有18000人，跟大清的8万兵勇打了没几仗，就把北京给占了。代价是他们死52人，伤205人；而清军伤亡4万人。持续时间是1900年6月20日至8月15日。是谓“北京之战”，亦称“北京之围”或“解救北京”事件①。在中国，这是“庚子事变”或“义和团运动”的一部分，一般称为“八国联军侵华战争”，时间和参战人数跟义和团运动的定性一样，还有争论。

西方列强用了两个根据来说明这次战争的“正当性”。其一是国际法。国际法保护外交使团和使领馆，也保护侨居他国的外国公民的人身与财产安全。中国侵犯了使馆，毁坏了外国财产，还杀了外国人，依照国际法和通商条约，应当受到制裁并要进行赔偿。这一条好理解。其二是西洋国家作为先进文明

① http://en.wikipedia.org/wiki/Battle_of_Peking，2010年8月28日。

的代表,有义务和责任去晓谕世界其他地区文明程度不够的居民并设法改进他们的野蛮状态。这一条的荒谬性在当时的大清国上下是不言而喻的,但很不幸,在当时的西方世界颇受赞同。于是,联军组成了,战争打响了,西方打胜了,中国低头了。但是,当理性的西方人看到他们的外交官、士兵、传教士和平民,在这场号称“正义”的战争中,屠杀中国普通百姓、劫掠私人住宅和清朝王公住宅时,不免要问:中国政府应当遵守有关战时行为和平时行为的标准法典,联合干涉中国的列强就不应当遵守吗?就西方军队及其他一些人的野蛮表现来看,西方文明真的比东方文明先进吗?

本书作者乔治·林奇就是提出这种疑问的西方人之一。此公生于1868年,以战地记者出名。为了报道这场文明之间的战争,他不远万里来到中国,从踏上中国上海写起,直到事件结束,记下了随联军进京的所见所闻。他说他是“以平等的目光、平和的心态”,竭力保持不偏不倚的立场来报道的。对此,我们在翻译的过程中有过很多感触,有同意之处,也有不同意的时候。比如他对英国军队的作为,往往欲言又止或文过饰非。他自己在前言中也说过:“有些题材我不能触及。那些也许说明了我们的西方文明只不过是块野蛮的遮羞布的东西,想必也无法在英格兰出版。”又比如他对清廷,尤其是慈禧太后的评语,充满误解,等等。但是,为了不影响读者的独立判断,这里就不加细述了。不过我们还是愿意指出一点,也就是我们费力翻译此书的动因,即它毕竟是一个当年在场者的记录,又对西方文明内部的野蛮行为进行了道德批评和反省,提出了有关种族差别和文明进程之间的关系等重要的问题。于是,既给我们的中国近代史研究留下了一份难得的亲历实录,又给当代世界解决文明冲突提供了一种可资借鉴的思路。

这个译本是据1901年伦敦和纽约的初版译的。除本书外,该作者还有一本《战地记者手记》(Impressions of a War Correspondent,1903)存世。

目　录

作者肖像

前 言

爱尔兰南部一边远小城，破烂的画廊里，一位少年正在专注地临摹一尊塑像。这是教皇庇护七世[①]赠送给英皇乔治四世[②]的一批塑像中的一个。英皇觉得留之无益，弃之不敬，就扔在这座小城了。少年临摹的塑像旁是一座断臂女像。一把破伞遮挡着破屋顶上滴下的雨水。断臂女像之美有若一股暗香，萦绕在少年周围。阴晴交替，寒来暑往，少年怀着莫名的期待、日益增长的满足，全神贯注在塑像身上。他已心无旁骛，完全成了这无名希腊艺术品的囚徒。

数年前，一些连环漫画小报，以及一些道貌岸然得可笑的报纸和自作聪明得可笑的人们，嘲笑一位德国人的音乐粗野低俗。当时少年跟那些笑得最起劲的人一样笑。然而听了这种所谓的粗俗音乐之后，他一听再听，终于无法再笑，除了嘲笑自己当年的可笑。等他周游了世界回来，更发现乡亲们，那些像

---

① 教皇庇护七世（Giorgio Barnaba Luigi Chiaramonti，1740—1823），1800—1823 年在位。——译者注。下同，除非另有说明。

② 乔治四世（George IV of the United Kingdom，1762—1830），1820—1830 年在位。

他一样普普通通、勤勉苦干的小职员和中产阶级，也已不再嘲笑瓦格纳[①]了，而是在选择周日下午在女王音乐厅上演什么节目时，都说最想听的是瓦格纳在拜罗伊特[②]上演过的那些。他们终于理解了自己曾经嗤之以鼻的东西，而瓦格纳也终于俘虏了听众的芳心。

一天傍晚，在关塔那摩[③]的山顶，他风尘仆仆，又累又渴，四仰八叉躺倒在滑溜溜、暖烘烘的草坡上，享受着从海湾的万顷碧波上吹来的清凉微风。身边的人议论着敌人的种种恶行；士兵口口相传的都是敌人屠杀伤兵、凌辱死尸的故事。他不得不亲自察看每一位伤员、检查每一具尸体来验证真相。事实是那些都是谣传[④]。

① 瓦格纳（Wilhelm Richard Wagner，1813—1883），德国作曲家，德国歌剧史上一位举足轻重的人物，前承莫扎特、贝多芬的歌剧传统，后启后浪漫主义歌剧作曲潮流，尤其崇拜女性。

② 拜罗伊特音乐节（德语：Bayreuther Festspiele），或称瓦格纳音乐节，每年一度为瓦格纳乐剧在德国拜罗伊特节日剧院举行。音乐节由瓦格纳所发起，1876 年 8 月 13 日首次开幕，从创办至今只上演瓦格纳一个人的歌剧作品。

③ 关塔那摩湾（Guantanamo Bay，西班牙语作 Bahia de Guantanamo），加勒比海一海湾，在古巴东南部，为世界最大、屏障最佳的海湾之一。

④ 作者在来中国前曾到过古巴。1898 年 6 月 10 日，美国援助古巴独立，与西班牙作战，趁机占领关塔那摩湾，并于 1903 年签订一项条约，将其变为美国海军基地至今。

在接下来的另一场战争中①,对于敌人的污蔑与诋毁更是盛行一时。这些敌人被指责有意朝救护车与战地医院开火。不加入诋毁的人被视为几近叛徒。但很快真相大白,双方都承认那并非是故意之举。在一次英国人与布尔民团的战斗中,他做了布尔人的俘虏。作为一名战地记者,有几个晚上他不停地为英国人辩解,指出布尔人指控英国人的五宗罪都是没有根据的。这让他强烈地意识到,万事都有两面,只有“兼听则明”。

“经验似一道拱门,让光亮照彻未知的世界。”

所以在这一场新的、发生在一块他未知的土地上、针对一个陌生民族的战争中,萦绕于耳的便是那“兼听则明”的格言。但是,在中国,听懂另一面之词尤其困难。这是一个与我们截然不同的文明,其差距有如霄壤,让西方目不可及、耳不可闻。

假设火星人的一族突然降临在濒临渤海湾的这一片广袤大地上,我们跟他们之间的文明差距之大也就不过如此,我们跟他们之间的互相理解之难也将难分伯仲。

居住在同一星球上的两个民族,彼此所知竟然如此之少,

---

① 指布尔战争(1899—1902 年)。南非原是荷兰殖民地,后被英国统治。19 世纪 30—40 年代,荷兰裔布尔人建立德兰士瓦共和国和奥兰治自由邦。19 世纪末两邦分别发现储量巨大的金矿和钻石,大量英国人到达南非淘金,同布尔人国家爆发冲突。1899 年 10 月 11 日,英军和布尔人爆发战争。战争开始时,布尔军击败英军,攻入英国殖民地。1899 年 12 月之后英援军陆续赶到,不断反攻。双方于 1902 年 5 月 31 日签订《弗里尼欣和约》,布尔人停止抵抗,英国吞并德兰士瓦和奥兰治,英国给予布尔人以经济补偿,并给布尔人提供一起压迫黑人的特权。战后双方共同建立了种族主义殖民政权南非联邦。

这真是一个奇迹。假如他们是那一支突然降临中国的火星人，我们自然会以我们的文明尺度来衡量他们。一旦发现他们非我族类，马上就会给他们贴上野蛮愚昧的标签。理所当然，这是我们遇到难以理解的事物时最容易采取的一种处理方法。但是，这些难以理解的事物有时候会顽强地抵抗、坚决地存在，直到最终被理解，就如那个德国人和他的音乐。

于是，他以平等的目光、平和的心态，观察着展现在眼前的百态，探索着其背后的生命力，并对这奇妙无比的东方生活日渐迷恋起来。时光仿佛又回到从前，他的目光重又凝聚在那座落满灰尘的塑像之上，他的双耳重又倾听着那常听常新的奇特音乐，秦国[①]大地上的人民陌生而奇妙的生活，犹如一口源源不断的知识之泉，满足着他的饥渴。这些“火星人”是新事物的使者，既内蕴丰富，又隐晦难解，好似那米罗出土的断臂塑像和那刺耳的乐曲，自有一种奇特的诱人魅力；又犹如被基督徒亵渎过的神庙，尽管尘埃满地、幽暗无光，还是散发着若有似无的暗香，弥漫在他们生活之中。

丝丝缕缕的不实之词，既有故意的中伤，也有无意的误解，交织在有关这些神秘的东方民族的历史之中。与其他战争相比，在这场战争中，他们的一面之词更加难以听到，因而就更加令人神往。

本书既无意对中国的一切作全面的描述，也无意于文学风格的创新。作者的描述既不完整，也不连贯，亦难说均衡，但都

① 原文是 Sinim，西方古代对中国的称谓。

是在他看来引人入胜的事物。如果它只能成功地将读者送入梦乡，正如作者自己在炎炎烈日中写作时常常感受到的那样，作者也将认为自己没有徒劳一场——还是为英国文学增添了一部有益身心健康的催眠之作。

只是昏睡之英格兰的梦乡中假如真的浮现一幅幅淡淡的真相影像，那将是什么样的梦魇呀！联军所经之处，一座座村庄化为一炬，一船船无助的苦力死于河口，一群群妇女为免受污辱而投水自尽！西方残忍的十字军一路重复着暴君尼禄在古罗马所施过的恶行，像利刃直插北京的心脏，在皇宫汉白玉地面上践踏出一双双军靴的掌印！雄伟的城墙和碉楼弹痕累累，但屹立如故——恰如中华帝国，虽然低头，但并未崩溃——城头浮现出那位举世无双的奇女身影：中国的皇太后，叶赫那拉氏。

乔治·林奇

1901 年 8 月 1 日

第一章

从上海到胶州、芝罘

我是先从古巴到开普敦的，然后被困于莱迪史密斯①，再从那里被当做囚犯运到比勒陀利亚②。获赦后却得了伤寒，困在家里养病三个月。不过我又及时康复，赶上了这趟新的风波迭起的中国之旅。从伦敦到上海，整个旅途大约12000英里，我每天都在担心能否及时到达。

7月28日清晨，我一醒来，就看到舷窗框出的一幅画面。上半个圆呈蓝色，下半个却是深黄，两个半圆之间是一条细细的、赤道般的绿色平分线——那是上海附近的中国海岸。海水混合了细泥沙，就形成这样一种难看的颜色。我们下了轮船换乘小船。第一眼所见的中国风景是那些顶着急流溯江而上的棕色帆篷船。我们驶过林立的军舰——美国的、英国的、法国

① Ladysmith，南非纳塔尔省一城市，位于德班西北，为了恭维开普敦殖民地1847—1852年间的英国总督哈里史密斯爵士的妻子（西班牙人）而命此名，意为“史密斯夫人”，附近的哈里史密斯城则以总督本人的姓氏命名。

② Pretoria，南非行政首都和政治中心，距离约堡约45分钟的车程。比勒陀利亚建于1855年，市名是以布尔人领袖比勒陀利乌斯（Andries Pretorius）名字命名的。

的——然后是一群古雅的中国战舰，黄铜大炮昂首而立，高翘的船尾彩绘得富丽堂皇。

两岸平坦而潮湿，高出海平面只有几英尺。

临近上海，眼前的景象会令任何一个首次到访的人都瞠目结舌。如果没有那些帆船，他一定会以为这是某一英国制造业海港城市的郊区。它显然是庞大的英国商务在东方的壮观表现。大型的红砖厂房、铁路仓库、船泊码头，沿着两岸，随处可见，一直延伸到外滩。而外滩那一排排精美壮观的欧式大楼，楼前宽阔的大街和人行道，会让你想起布赖顿[①]的海滨大道，或是英国其他的海滨城市。

就社会生活而言，上海是个封闭的城市。由护城河环绕着的上海城完全跟欧洲人居留地隔离，于是也或多或少地隔离了两方的居民。我好不容易在礼查饭店[②]住下。饭店里挤满了从上海周边地区来的难民。顺便说一句，它不久前被一个德国人买了下来；东方商业浪潮之汹涌，由此可见一斑。

登陆不到一小时，我就被带到上海总会[③]——男性的社交活动场所。上海堪称流言蜚语的滋生地，总会更是它的中心。整个总会里充满不安和忧虑的气氛。有报告说外国公使团及

① Brighton，位于英国南海岸，距伦敦一个小时的火车车程。

② Astor House Hotel，前名 Richard's Hotel，1846 年由礼查家族兴建，是中国内地首栋西方酒店。1907 年修复成后古典巴洛克风格。现名浦江饭店，在上海虹口区黄浦路 15 号。

③ Shanghai Club，英国在沪侨民的俱乐部，创设于 1861 年，1864 年建楼。1909 年在原址建 6 层新楼，1910 年 1 月启用。1971 年改为东风饭店，现已停业关闭。

其随员都惨遭屠杀了。弥漫整个城市的忐忑不安和忧心焦虑与当年印度反英暴动时的状况不相上下。由于北京方面一点消息都没有,天津那边的新闻又是零零星星,于是大家胡乱猜测,谣言四起。那些被证实的传言,证明了当地的暴乱愈演愈烈,杀戮惨烈。官方确认在离上海不到80英里的小镇上发生暴乱,九位传教士遇害,外滩上的坐椅被扔进黄浦江里。

次日,我动身去上海城里观光、拍照片。令人惊讶的是,我发现在总会里遇见的每个人都对这座城市了解甚微。一位大商人说,他上次进城已是八年前的事了。这让我顿时觉悟,他们似乎一直居住在自己领地上的大围栏里,因而对驱使中国人抗争行动的动机不甚了了。

把整个城市和欧洲人居留地隔开的是一条护城河和一堵城墙,相隔很远才有一座窄小的城门和桥梁与外界相通。城墙宽阔,表面用坚硬厚实的砖砌成,墙内最近刚立起一排高高的竹尖桩。从围墙上可以一览城市全貌;但是,那只不过是一片连绵不断的屋顶,其密集程度不禁让人联想起黄浦江江面起伏的波纹。各个城门口都有乞丐。有一个几乎赤裸的可怜人躺在城门口的台阶上,身上长满了梅毒疮。

看过那些屋顶,从城墙下来进入街道,就仿佛先用肉眼看过一片乳酪,又突然再用显微镜看——原来里面麕集着无数的生物,种类繁多,形态各异。根据另外一个原因,也许可以拿林堡软干酪[①]来作比,但在那些街道里,林堡软干酪也许就有了香

① Limburger cheese:一种气味浓臭的干酪。

水的提神功效。

这些人和日本人是多么不同啊！那些人胸襟坦白，谈笑风生，可爱优雅，而这里每一张鹅卵形面孔都光滑而无表情，宛如一个个漆成黄色的面具，只能假定面具后面是个人。对这些面具下的人我们欧洲人尤其一无所知——于是就觉得其中祸福叵测。无论国内的作家怎样夸夸其谈这些面具下的人，实际上就连那些最仔细的、专门研究这些人内心世界的学者，也不了解推动这个民族运作的动力。跨过那座小木桥，穿过厚重的城墙上的狭窄门洞，那里边住着的也许是火星人。

这里的男人、女人和孩童，对于被人拍照都有着明显的排斥情绪。那些因为好奇而尾随我的人群，每当我转身想拍摄他们时，总会从我的镜头前散开去。

第三日清晨，有一班开往天津的汽轮。但是由于许多乘客早已预订了船票，售票处断然拒绝再售票给我。这是一艘小型的沿海航船——纳夫斯布格——船上只有六个卧舱，而售票处已经卖出了 33 张票。他们坚定而无情地表示，他们不会再因任何理由继续售票。跟我从纽约同路而来的两位美国记者也想搭乘这班汽轮，同样遭到拒绝。他们决定等待下一班。

北京驻军现在正处于几近绝望的恶劣境地，在我看来，派人救援已刻不容缓，因而我非得乘上纳夫斯布格轮不可。在历经了伦敦一路而来的种种坎坷之后，我不能冒任何可能耽误的风险。随身带了一只旅行箱和相机，我跟其他乘客一起在启程前登上了小船。对于自己的无票登船，我没有向船务人员做任何多余的、冠冕堂皇的解释。等登上了纳夫斯布格轮，船只起锚入海后，我向船长作了自我介绍，并跟他解释我无票登船实属无奈，因为不管用什么方式我必须尽快赶到天津。船长是位快活的德国老人，他说只要我能在船上找到容身之处就没问题。

船上十分拥挤，船桥和海图室周围甲板上的那小块地方刚刚能够容下所有乘客。行至芝罘时船上才空出了一张卧铺，船长非常好心地把它分给了我。但是，在那卧铺上只待了一个小时我就受够了。上面有很多跳蚤——用我一个同胞的话来说——多到只要它们齐心协力，就能把我抬出去。

我们停船的第一站是胶州。这座城市代表着中国为了两名传教士的性命付给德国的代价。在山东省的一个偏远村庄里，两位传教士被一群不负责任的村民杀害。不过，村民们此举或是受了巡抚李秉衡[①]的间接鼓励也未可知。尽管教义里说，"有人打你的右脸，连左脸也转过来由他打"，"为义受迫害的人是有福的"，但这块领土还是作为赔偿被德国人夺了过去。山东省是中国的圣地。这里是孔孟的故里，有中国人引以为豪的雄伟泰山。公元前 23 世纪，舜曾在泰山之巅用自己的生命祭献上苍。舜之于中国人就如摩西之于犹太人。泰山便是中国人信仰中的西奈山。

---

① 李秉衡(1830—1900)，字鉴堂，祖籍山东，奉天(今辽宁)海城人。曾任知县、知州、知府、广西按察使、安徽巡抚。甲午战争爆发后，清廷调李秉衡为山东巡抚。1897 年处理巨野教案被黜，徙督四川，未到任。1900 年起用为巡阅长江水师大臣。八国联军进攻大沽后，李秉衡由江苏率兵北上，保卫北京，在杨村(今武清县)败绩，退至通州(今通县)自杀。

通过和一些有头脑的中国人以及几个洞悉中国国情的西方人的谈话,我觉得,很多年来,再没有什么事情比德国皇帝用武力强掳了这块圣地的港口更让中国人铭心刻骨了。虽然对日割让台湾一事也让光绪皇帝忧思难安,但比起丢失圣地领土对他的打击,就算不了什么了。这是为了两位传教士的性命而从他的子民手中生生夺走的。此事对于光绪来说犹如切肤之痛,一度使他感到无法承受,以致谈及退位。这让年迈的恭亲王①伤透了心,终于在1898年故去。

这片圣地的丧失远比台湾和威海卫的丧失更为意义重大。它自然而然地唤起了人们的宗教意识和富于想象的情感。义和拳发起的排外灭洋运动也因此显得神圣无比。这不仅仅是领土的丧失,它还交织着对圣灵的亵渎——就好比作为全国宗教中心的西敏寺被强行夺走了。如果两位中国传教士在德国村庄被杀害,德国皇帝会同意割让波罗的海沿岸地区作为对暴行的赔偿吗?就算他因形势所迫不得不从,看到他的子民愤然挺身以武力夺回失地,会让人觉得惊讶吗?一种奇异的哀伤笼罩着此时此刻的光绪皇帝——这位坐拥四亿生灵的无能皇帝,发现自己正被迫签署割让圣地领土的条约。他在自己的书院里焚毁了大量旧书,并向祖先发誓说他会竭尽全力重振国威,致力改革以抵御穷凶极恶的强敌入侵。

胶州周边的乡村十分贫瘠,有些人因此感到欣慰——强横

---

① 清恭亲王爱新觉罗·奕䜣(1833年1月11日—1898年5月29日),号乐道堂主人,道光帝第六子,道光帝遗诏封"和硕恭亲王"。清末洋务派、总理衙门首领,身后谥"忠"。

的德国人最终得到的也只是这种穷乡僻壤。但是，如果这块地方一直延续原先的贫穷，那肯定不是德国人的过错。他们为了开发此地煞费苦心，花下的工夫几近荒唐。他们已经在这里建起了一座旅馆，规模不亚于上海的任何一家，只是从来没有住满过客人。一条海滨大道正在修建当中，但是，除非整个驻地部队轮值岗哨一起不断地来回行走其上，这条大道的路面永远不可能被轧实。与大型城市配套的巨大下水管道也在铺设之中，而这类大型城市只存在于那些日耳曼人的想象之中。

这里有一片美丽的海滩和一些浴箱。我们第一次来到海滩的时候，那里荒无一人。第二次去是在晚上，周遭无尽的荒寂之中，有两位身着泳衣的德国军官正在洗澡，一名哨兵站在浴箱门口守着他们的衣裳。

过去为了便于灌溉而修凿成梯形的小山上，是大片高约两英尺的松树和橡树。德国人在那里植下了数以千计的树木。我们经过了两座村庄——前一座只是个小小村落，狭窄的巷道让人产生一种感觉，仿佛因为巷道直线条的压迫感，村庄便把自己缩了起来，拥挤地堆在一处。第二座村庄依德国人的设计建成。那里有在中国称得上宽阔的街道，石砌或砖砌的房子，宽大通风的集市广场。本地顾客和德国殖民者老主顾们常会光顾集市，采购些蔬菜水果之类。那儿的店家和主人，与我们所熟悉的伯爵宫廷的东方商店惊人地相似。

汗流浃背的小工们把一辆辆满载的独轮车推上每一座人迹可至的小山。车上装满了建堡垒、军营或者修路用的石头。车轮发出刺耳的咯吱咯吱声，仿佛在抱怨着这份来自外国人的

“好意”。

然而,这里缺少了些什么。难道这就是英国人向来拥有的殖民天才,因为德国人无法从冷淡的政府那里得到资助,而在此得到了发扬光大吗?德国人的这场大型实验结果如何,不由让人好奇。但是我认为他们正在犯一个巨大的错误。他们无法强制当地人接受德国式的想法。这座德式村庄就是一个例子。当地人并未入住那些房屋,他们更不愿去适应德国式的生活环境。这儿,和我所见到的中国所有其他地方一样,让我对于这一点深信不疑,那就是,为了和中国人通商——毕竟,除此之外,我们不该再做其他非分之想——中国毕竟是中国人的中国,不要为了传播我们的思想而去践踏他们的文明。

这块地方的巨大希望在于铁路。铁路将会带来的贸易,足够使这个水桶般的小镇发展成能用得上那些巨大下水管道的大都市。中国人对于那些巨大下水管道的理解是,德国人修筑它们,为的是日后被驱逐时可以作为逃往海边的通道。

眼下,德国人正忙于在半岛上遍掘战壕,环护他们的营房、堡垒和欧式房屋。在我写下这些文字的时候,旅馆里正住满了工程兵、制服潇洒的官员,和几类不同基督教派的流亡传教士。

我们于次日下午离开胶州。横向的风和汹涌的海浪,使得几乎快卸空了的纳夫斯布格轮像只空蛋壳一样在海面上颠簸起伏。倾盆大雨下了一整夜。我们这些倒霉的乘客在甲板上滑来滑去,偶尔会生疼地撞上甲板装置,或是撞上别人。这种状况一直持续到凌晨一点,风突然放缓,海面也骤然平息下来。次日的清晨美轮美奂。从我们所处的港口放眼望去,穿越玻璃样光滑的海面，把目光投向重峦叠嶂的海岸，掠过布满粉白沙粒的海岸线，此时的我们仿佛置身于某个内陆湖泊，而不是巨大的北直隶湾。

船近芝罘港时，我们遇到了一支舢板队。当时我们的船还在全速行驶，经过他们的时候，舢板队里忽然有两名船员甩出船钩钩住我们的船舷攀爬过来，任由身下的小船打着漩向后漂去，上船之后他们便将钩船用的篙杆抛掷水中，留给他们还在舢板上的同伴。船入海港时，我们驶过了凯瑟琳·奥格斯特号(Kaiserin Augusta)和约克镇号(Yorktown)。

放眼望去，一座能够俯瞰全城的中国堡垒远远耸立于背景之中。电报所是我们登岸后到访的第一站。当值的中国办事员讲一口极不流利的英语，天知道发往欧洲的电报得耽搁多长时间。在这次战争结束的时候，我算对此有了些了解。这间电报所很快积压了无数电报，其中一大部分是发往伦敦的报纸的。这种电报资费昂贵，一字16个先令。英国报纸致力于为他们的读者提供有关这场战争的最新消息，他们为此所冒的风险和所付的代价，恐怕并不常能被大众了解。从这间电报所寄发的一些快讯，每则要花100到300英镑，却常常直到它们的内容失去时效性而不值得发表时才被发送出去。我的一个朋友得到芝罘电报所的通知，说是因为通讯线路的拥挤，他的一份长篇快讯已经在那里滞留三个多星期了，问他是否还要发送。

有条船刚从天津过来，带给我们一些有关那里的信息：供给匮乏，高温酷热，苍蝇成灾，到处弥漫着腐烂尸体的臭气。

我们带着相机漫步入城，很快身后便跟了一大群人。他们好奇、肮脏、表情阴郁，或许还对我们出言不逊——要是我们懂得他们的语言的话。他们紧紧地聚拢在我们周围，以至于我们根本无法拍照。我们无论如何也甩不掉那群肮脏不堪、衣不蔽体的小孩子、流浪汉、跛子和长满脓包、臭气熏天的叫花子。这些人被人派了来严密监视我们。当我们露出厌恶的表情，他们就对我们怒目相向；当我们微笑起来，他们也会开怀大笑。我跟一个同伴说起一个中国人，那人长得像极了伟大的、独一无二的丹·雷诺[1]。

"看啊，丹·雷诺！"

"看……啊，丹·雷诺！……"人群跟着叫喊，好像他们很了解丹·雷诺一样。

"为丹·雷诺欢呼三声！"

"为丹·雷诺欢呼三声！"人群大笑着，发出古怪的腔调跟着重复。

整个事情如此荒唐，我们也不由得狂笑起来。人群越聚越多，他们不停地重复着"为丹·雷诺欢呼！"好像这是他们有生以来听过的最好笑的笑话。

由于人群离相机太近，而且不停地试图朝镜头里张望，拍照变得不可能。因此，我们不得不从这片中国人密集地区辟出一条退路，回到总会，而且也只能满足于抓拍到的几张中国士兵的快照。有些士兵身着红黑制服、手持最新款毛瑟枪在街上

① Dan Leno，原名 George Wild Galvin（1860—1904），英国著名笑星。

巡逻,有些就松弛闲散地半裸着,无所事事地守在芝罘银行外搭起的帐篷旁。

我在总会里认识了一些人,他们和布尔战争初期我在开普敦和德班遇到的那群人属于同种类型。所有的话题都围绕着供给的匮乏、面对即将到来的可怕战争、除日本外各个国家的无备状态。看来他们认为这场战争可能会演变成一场灾难,灾难之巨将只有拿破仑在莫斯科的遭遇可与之相提并论。一个在中日战争中跟随日方的人说起那场冬季战役的恐怖情形:一夜之间,5000 日军中有 3000 被冻伤。他认为我们正在进入一场很可能会持续整个冬天的战争。他的脑海中浮现出饥饿、疾病、野蛮的幽灵。在东方遭遇西方的致命冲突中,这幽灵便会显身。

这些人和我在布尔战争爆发前遇见的那些外国人的不同之处在于,在南非,所有被看做有见地的博学之士,说起布尔人总是非常轻蔑。10 月份战争爆发时,他们自信会在比勒陀利亚享用他们的圣诞晚宴,而且一直不停地重复说,只消一次严重的挫败就可以搞定布尔人,把他们赶回农场。然而在这里,一切都不同了。这些身在中国的外国人没有类似的信心。他们似乎被一种茫然不定的恐惧填满了。如果那些非洲的外国人远远低估了布尔人的能力,在中国的这场战争又会是什么结果呢?

我们必须记住,现阶段人们不得不承受的是,西摩尔[1]海军

---

① Sir Edward Hobart Seymour(1840—1929),时任英国东亚舰队司令。

上将的救援远征已告失败,他未能解救公使人员,只好无功而返回到天津。我们听说,公使馆的驻军已被歼灭,天津驻军也几乎无法自保。众所周知,近几年来有大批最被认可、最为现代的武器输入中国。而且,从围攻天津的情形来看,中国人似乎已经学会如何使用它们。现在,一决高下的时刻就要到了。东方用西方的武器武装起自己——虽然他们是否掌握了武器的使用方法还只是一种猜测。无论如何,一场文明之间的战争就要打响了。

第二章

大沽到天津

次日我们抵达大沽时,光滑如镜的海面上漂浮着一层厚重的白雾。阵阵枪声从我们正前方的大沽炮台传来。

这是多么动人心弦的声音啊！它发出的信息多么令人激动！我们是不是一上岸就会见证一场火力交锋,还是刚好错过？——后者几乎不太可能。立刻,船上的每个人都进入了极度兴奋的状态。然而浓雾或是阴霾遮住了视线,让我们一无所见。

忽然间,一艘战舰的船身和桅杆破雾而出。紧接着,只见一道闪光之中,大股烟尘喷出船侧。那是一艘装饰过的战舰。很快,它让我们认清了当时的形势——原来只是在鸣放礼炮。

我们在盛装的俄国、法国和日本的军舰丛中穿驶,还经过了两艘中国军舰,不过,黄色的舰旗和刻在船尾的蓝色飞龙是它们仅有的装饰。礼炮为庆祝沙俄皇后的生日而鸣,它把这一时刻变成了一种国际性的礼节交流和火药的消耗。

我们的船驶进通往大沽炮台的狭窄通道。炮台上可以看出新近炮击的种种痕迹。狭窄的水道中挤满了各国的舰艇,我们在其间缓慢前行,最终不得不把船泊在那里,因为靠近码头的地方已经没有泊位了。在夜间我们得以靠近码头,然后就开始等待黎明,好搭乘第一班开往天津的列车。

俄国人掌控着铁路,他们的军官把总部设在火车站。一座敞开的工棚被军官用作餐厅,在一张长桌的一端,有只茶壶正噗嗤噗嗤地冒着热气,周围围绕着装了各种液体的瓶子。

俄国军官非常殷勤周到——后来也一直如此——他们邀请我去吃早餐,并且跟我详述了当时的军事情形。

救援公使团的远征是在之前那个晚上开始的,但是远征队员几乎未能出城。对于被留下来做铁路工作而没有获得机会参与远征救援,俄国官员备感遗憾。

火车甫一靠站就被各色乘客填满了,有美国士兵、英国船员和几个通讯记者,还有几辆载着山羊和绵羊的手推车。火车启动之前来了一支俄国军乐队,他们在火车离站时进行了演奏。

大沽和天津之间的乡村是一片荒寂无人的多沼泽平原,无数隆起的坟冢遍布其上。这些圆形的土堆让我想起南非的蚁丘,虽然有些坟冢跟蚁丘差不多大小,不过绝大部分还是要大得多,除此之外它们非常相像。我听说过,中国人对于坟墓受扰非常反感,但是要修建一条横贯这段地带的铁路几乎不可能避开这些坟冢。这是一段充满坟墓与荒凉的旅途。路边的所有房屋都成了废墟。除了俄国警戒队守卫铁路的地方,整个沿线杳无人迹。

此地让人第一次感受到了那种喷薄而出的荒凉气息,仿佛伸手可触。随着列车的前行这感觉越发强烈。这片乡村显然曾经人口密集,如今却是此般人去楼空的景象:那些屋舍通常没有屋顶,大多有着烧焦的墙壁和洞开的门窗——看到它们会让人想起骷髅的形象。在这样一片土地上穿行,有一种奇异的感觉。

火车停靠频繁,一路缓慢前行。我们在正午之后抵达天津车站。

我想,在有关战争的记录中很难找出一副画面可以与这座车站所展现给我们的相提并论。每栋屋顶、每面墙壁都被子弹和炮弹片射成了蜂窝,铁路罩棚内的机车锅炉就那么被打得像只筛子,货车和客车车厢脱了轨,罩棚墙壁的灰泥上被子弹射出无数麻点。

我回想起拍摄圣地亚哥(Santiago)郊外圣胡安(San June)①小山上碉堡顶时的情形,那里也遭到类似的破坏。那是7月1日战役②所发动的一轮中心攻势。在这儿,同样激烈的步枪火力似乎是从方圆几英亩的范围内倾射而来的。我离开莱迪史密斯时,那里被破坏得最严重的部分也远远赶不上这座火车站的惨状。

火车停站时,我们没有看到任何行李搬运工,更别说可能拖运我们行李的车辆了。我们处于进退两难的境地,不知该如何把行李运进城。不过一个足智多谋的同路,詹姆士先生,给

① 指古巴的圣地亚哥及城东圣胡安山。

② 1898年美西战争时发生的决定性的圣地亚哥战役。7月1日美军向城东圣胡安山攻击,双方血战一日,美军在付出惨重伤亡后攻下圣胡安山据点。

我们指引了一条路，大家紧紧跟随其后。

那里有少数一些中国人在参与修复火车站的初次尝试。这批人显然是受雇于俄国军队的。不过，在没有看到任何监工的情况下，詹姆士迅速征集了半打中国工人，强令他们运送我们的行李。我们很幸运，能找到他们来装货，并且在任何要把他们从我们这儿带走的人出现之前离开了那里。

我们在其他地方也用这种法子，一路如此直到北京。不管那个人在做什么，或他受雇于谁——当然了，他自己也无法解释清楚——某个中国人只要一被抓住，总是立刻被差去运东西，或是被安插在一排苦力当中。对于为帆船逆流拉纤的差事，这种苦力总是供应不足。

我们从车站出发，一队中国人扛着我们的行李，向我朋友詹姆士的住所行进。他冒着城内巨大的危险护送出一批传教士，之后刚从上海回来。他不知道围城之后自己的房子会处在怎样的情形之中。随着我们在城中穿行前进，那房子还立在那儿的前景越来越渺茫。在靠近火车站的地区，一切都成了废墟。再往前，城中心好几个街区的建筑物的楼顶和高层都被炮弹严重损毁。在有些街区，每栋建筑物上留下的炮弹痕迹都跟莱迪史密斯整座城中留下的一样多。

然而令人惊讶的是，整个围攻过程中，没有一个非士兵白人居民死亡。炮击只造成这么小的杀伤力真是让人不可思议。北京公使团在受困期间，只有一例因炮击造成的伤亡。美国人围攻圣地亚哥后，入城之时在众多武器中还使用了炸药，但那儿没死一个西班牙人。

在莱迪史密斯，结合那里五个月围攻期间用来攻城的炮弹数量来看，死亡率低得惊人。后来我们发现，在北京公使团被围这一事件中历史再次重演。

步枪是现代战争中的杀手。炮轰通常造成很大的士气低落，尤其是对那些还不成熟的军队，但是这与炮轰造成的损失完全不成比例。

让詹姆士先生吃惊的是，他发现自己的寓所完好无损。而且不仅如此，他的家具也都摆放整齐，并没有像其他房子那样被抢掠一空。这也许是得益于詹姆士离开前这房子被做了盖斯利[①]将军的总部。

救援部队已于之前一天离开了天津，我最大的渴望就是能尽快地追上他们。一匹可以骑乘的马，一辆可以运载我的行李箱和相机之类物品的推车是绝对必要的；但是在寻找时我发现城中的每辆推车和每匹马都已经被征用了。在天津，通常情况下 20 元可以购得一匹中国小型马。现在似乎无论多少钱也买不到一匹了。几个小时的四处奔走碰壁之后，我听说有匹要价 150 元的马在出售，于是跑去看它。这是我所见过的最差的马，除此之外我发现它的右前蹄跛的厉害，以至于要指望它能行进到北京将是荒唐可笑的。

这是个糟糕的情形，不过詹姆士援救了我，他告诉我他知道一个朋友拥有三匹马。那人并不想卖，但是詹姆士说他会请

① Sir Alfred Gaselee（1844—1918），英国人，1900 年英国侵华军司令官，由印度来华。

他来吃晚饭，之后试着用他的游说能力说服他。

费了颇多周折之后，我们成功地说服他以两百元一匹的价格卖掉了那些马。

得知部队已经离城5英里开外了，我们决定在明天一大早追上他们，而且，如果可能，在下午返回天津，同时希望能找到什么法子搬运我们的行李。

日出后不久我们就启程了，同行的共有詹姆士、我的朋友托马斯先生和一个美国耶鲁大学的年轻人。他来东方进行他的假日旅行，当时他的运动天性和冒险欲望促使他加入我们的队伍前去救援公使团。

我们经过城中的华人区。我从未见过此般荒凉的景象。沿途数英里没有窗户的单层房屋，看起来就像某个巨大陵墓里一行行的头骨。那里的居民四散而逃。在空巷死亡般的深深寂静里，我们的马蹄声听来格外响亮。每栋房屋的墙壁都被烧焦了，屋内或是成堆的灰烬或是一堆烧焦的木料。家用器具和瓷器碎片散落四处。

一条跛狗一瘸一拐地在我们前面跛行。这条瘦骨嶙峋生满疥疮的畜生不时鬼鬼祟祟地四下偷看。除了那恶狗和它其他的同类之外，那里别无生命的迹象。它们忙着在那些神秘的废墟堆上翻寻，我们靠近的时候它们便偷偷地溜开了。

一股令人作呕的浓浓恶臭在清晨的空气中飘散。这味道颇为奇怪和独特，是因为什么东西燃烧所致。我知道那燃烧的东西不是中国人房屋里的，但是却在我们去往北京的一路上每天都闻得见，并且北京城里也是如此。

我们走过几英里长的空巷,没有见到一个人,直到抵达城郊附近,那儿时不时可以看见几个年迈的老头和老太太从房子里怯怯地向外窥探。

接下来我们来到了被俄国人占领的西沽军械库,结果发现因为错走到了河的对面,不得不再走回头路。在河的另一岸,街上的景象与之前并无二致。除了一些狗和不时出现的靠吃腐尸养肥自己的腐食猪及猪仔们,没有其他生命的迹象。

一队日本人正在他们部队后方快速地铺架军用电话线。遇到他们,我们就知道自己肯定走对了路。和其他军务一样,在铺架军用电话方面,日本人可没什么要从欧洲人这里学习的。那些典型的日本特色的竹制电线杆,随着队伍的前进迅速地沿路立了起来。

一路上,我们经过了很多横陈在路边或是高粱地某侧地垄上的中国人的尸体。我们碰到的第一队士兵是法国军队掉队的士兵。我们相遇时,他们刚刚看到附近田地里一个扛了一只口袋的中国人。他们冲他大吼,并招手唤他过来。那中国人显然不敢照做。一个士兵朝他跑过去,拉住他的辫子。然后他被迫扛了很多东西,并被强令搬运法国人的一些行李。那是个老头,喋喋不休地抗议着。不过刺刀尖让他很快意识到他的抗议是徒劳的。

之后不久,我们便在北仓以南的地界赶上了联军主力队伍,那儿正在搭设一座横跨河面的浮桥。

一些队伍正在过桥。此时,三个国家的士兵完全混杂在一起,场面相当混乱。在浮桥开通之前,桥下往上游运送供给同

救援公使团征途中的日本和英国海军陆战队

时也运载英国火炮的整支平底帆船队都无法前进。

这种混乱的情形日复一日地发生着，而且大大拖慢了部队的进程。在有路可走的地方，路况非常之糟，这点我们必得牢记在心。很多地方，所谓的道路其实只是玉蜀黍地里的田埂。

在将军们的频繁磋商之后，行进的次序每日都有变化；但是关于他们中的哪一个来指挥整个远征，这些将军们并未达成一致。

日本的队伍通常走在前列。但是因为他们坚持队伍不能与供给分开，他们的骡子运输长队就不得不在其他队伍启程之前动身前行。

这样一来，美国和英国的队伍常常不得不在他们本该休息的、白日里最炎热的时候行军，而不是像以往那样，在这样的酷暑天里，大清早出发。

第三章

北仓和杨村之战

据知，中国人在北仓附近占据了一处非常有利的地势。河流两岸的村庄种满了高粱，随处可见的树丛掩蔽着散布于平原之上的片片房屋。天津到北京之间的土地极为肥沃，每英亩都得到了充分的耕种。围绕着每座村庄的大片农田，是这里的商品蔬菜菜农所拥有的技术和知识的极好见证——那或许是世界一流的技术和知识。

日本、美国和英国的军队准备在河左岸进攻，与此同时，联军其他队伍在右岸接应。进攻的总体规划具有迂回战术的性质。黎明后不久，日军发起进攻，没有其他任何联军队伍参与。中国的战壕挖得极好，看起来似乎是欧洲军事老师教导的结果。战斗始于一场炮兵决斗，其间中国部队进行了值得称赞的演练。日军随即展开了他们的进攻，并以极大的精力和勇气夺取了一条又一条的堑壕。这些矮小的士兵显示了惊人的敏锐和活力。

这是格外炎热的一天，太阳从万里无云的空中照射下来，烤晒着高粱地里凝滞的空气。日军在交战中死伤了 300 名士兵，也成功地击溃了中国部队。于是联军决定乘胜前进，以最快的速度向天津北京之间的首要战略重地杨村进发。铁路正是在杨村通过大桥横跨河面。过了杨村，就是西摩海军上将救援公使团的未竟努力所达到的最远点。夜间，部队的前行遭遇了严重却也在预料之中的阻碍。中国部队放水淹了位于河左岸的乡村，除了6000名日军取道于淹没的乡村与河流之间一条又高又窄的小道外，其他联军队伍不得不原路折回，跨过浮桥抵达右岸。

6号上午，英军做了联军的先锋。敌人占据了沿铁路筑堤一处极为坚固的阵地，他们的侧翼军队停驻在河边村子里，村子就在靠近有铁路穿过的那一河段。这一阵地的中心遭到英军的攻击，俄军处在最左侧，但是相当靠后，美军在英军右侧，第一孟加拉枪骑兵团火力掩护边远右翼。

孟加拉第一枪骑兵团的军官，以及被缴获的中国战旗

延续进攻时,第一锡克步兵团冲锋在前,威尔士火枪手团和第二十四旁遮普步兵团在后支援,英国皇家野战炮兵第十二炮兵连火力掩护前进。他们前进的必经之路是一片被高粱覆盖的死寂平原。大约 300 码开外,敌人展开了强势的步枪火力,并用他们部队后方相距甚远的大炮向我方的进攻队伍轰击。这些大炮并未击中目标,虽然火力凶猛,但是只给我们造成了轻微的损失,因为射击角度太高且杂乱无章,还因为我们有那些高粱提供的完美掩护,联军部队就在其中穿梭前行。

第一锡克步兵团和第二十四旁遮普步兵团突袭攻下了筑堤。中国士兵惊慌逃窜,在锡克步兵团到达堤顶之前,穿过厚密的掩护四下溃散。美国损失了数名士兵,他们是在靠近筑堤时被俄国炮兵连的炮火击中的。唯一让人吃惊的是没有更多的类似意外事件再次发生。因为当时的混乱无序,如果我们再多打几仗,这种意外是可能再次发生的。某些混乱是由于没有一个固定的将军拥有绝对指挥权而自然引起的,更别说那些因为语言不通而造成的困扰。

最后一支联军队伍到达杨村已是晚上。美军、英军和法军在铁路桥附近扎营。为了清出营地,他们不得不砍掉大片高粱。这种绿色的高粱是上好的马饲料,且在行军沿路随处可得。中国人摧毁了铁路沿线的铁轨,他们还曾竭力试图炸掉大桥,其中一段被严重破坏以至于列车无法安全驶过。那晚日落时分的场面出奇地有趣。印度军队安营拔营都非常迅速。停止行军的命令下达后的几分钟里,他们的面包师和炊事员便忙于抛甩制作他们特有的面食了——那是一种介于薄煎饼和烤饼之间的东西。与此同时,他们的营火亮了起来,明亮的黄铜厨具也在整个营地随处可见了。法国人在烹饪上花了更多的时间和精力，并且在搜寻粮草方面，似乎要比其他士兵更加勤勉也更加成功。

平底帆船缓慢而至，被岸上一排苦力费了大力气逆流拉上来；那些依靠帆船运送供给的军队十分恼火。酷热和过多的尘土让这一天非常难熬。有两人中暑身亡，还有很多人由于炎热而虚脱离队。

行军中的法国部队

日落时分在河岸边我们看到一桩奇特的情景。队伍中一些虔诚的伊斯兰教徒在进行他们的晚间祷告。他们展开席垫，脱掉鞋子，朝麦加的方向跪拜。他们在队伍中的基督徒同伴就没有类似的举动。平底帆船的行进十分缓慢，以至联军在 7 日那天不得不停下来等待供给，于 8 日继续行军。9 日抵达河西务，孟加拉枪骑兵得以与一批蒙古骑兵交战。他们穿过高粱地冲将过去，对蒙古骑兵展开了猛烈袭击并且缴获了很多战旗。

河西务是一个小村庄，附近有一座储存了大量火药和最新式枪炮的军械库。村外，中国人企图通过向低地势方向挖掘大量沟渠来改变河水的流向。然而，由于联军的快速前进，这项工程并未来得及完成。这对我们来说非常幸运，因为，如果本来就已很低的水位再被继续降低的话，后果会很严重。这样将会阻碍平底帆船渡过白河。

我们将会在那天的行军中遭遇一场恶战。日本人也这么说，他们好像比其他人都更了解中国军队的行踪；和往常一样，日本人走在最前面。俄国人的看法也如出一辙，认为这会是不平静的一天。

超越了一长列在通往北京的官道上蜿蜒前行的俄国队伍，我才赶上日本军队。这条官道像一道铁路筑堤般高耸于平原之上。这是炙热的一天。在黎明刚迸发出的清晰的黄铜色光辉里，数千人神情肃穆地行进的场面看起来是那么庄严雄壮，令人感动。

这些士兵似乎在子弹模里铸造过一样；身材魁伟、胸膛厚实，大部分人拥有金色的头发和透明的皮肤，他们看起来都像农夫，只是肩扛的是步枪而不是铁锹。有一段时间，我跟处在队列最前面的史蒂索尔斯(Stessels)将军骑马同行，他的手下有一名会讲英语的海军军官。俄国人向来被称道的语言天赋在这儿并未得以表现，也许因为这批人是来自西伯利亚荒蛮的东部之故。

俄国的军装本是白色的，但是由于尘埃和泥土的污染已变成了纯正的卡其色。在经过了右侧的两座村庄之后，我们来到了又一座荒无人烟的小村落，在这儿找到了一口有着冰冽水源的水井。

正当我们在令人惬意的树荫下休息时，前方远处传来了隆隆炮声。看来好戏就要上演了，此刻不走更待何时。我离开了俄国军队，在低洼处的一条小道上飞奔。小道两侧种满高粱，密不透风。

暑热的威力很快就显现出来了。我遇见许多日本兵蜷缩在高粱秆叶下的细碎阴凉里，有气无力地躺着。这时候，我不由地同情起我们英国和美国的小伙子了，他们马上就得在同样甚至更烈的日头下经过这条路。

接下来我遇到了日本野战医院兵团——他们本身就是一支小部队，他们的设备是我所见过的同类中最为完善的，其他任何军队都无法与之相比。轻便，整洁，耐用，没有一英寸冗余的空间，也没有一盎司多余的重量。

沿路的高粱逐渐变矮，只有与日本人齐头的高度了。这时你从远处看到前方明亮耀眼的绿色中蜿蜒而行的日本纵队，他们黄白相间的帽子仿佛是绿叶丛中混杂的野花。观看日本军队作战前准备是件很有意思的事情。

他们的动作之快真是令人惊叹，似乎做任何事情都是跑步进行的。没有什么比观看他们工作更让人愉快了。

他们的军服要比俄国军队保持得干净多了，即使从很远的地方，也可以清楚地捕捉到那些小个子白色身形的移动。

他们调出小野战炮，敏捷地将其从牵引车上卸至射击前线，其速度之快令人叹为观止。他们欢快、开朗、聪明，从将军到士兵都精忠报国。他们积极地冲锋陷阵，以至于其他军队经过的乡村遍地都已插满了日本太阳旗。他们必定是随军带了很多，所以一路上攻占的每座村庄、每个要地都旌旗飘飘。

我觉得日本步兵可能是当今世界上最优秀的步兵了,因为除了吸收从欧洲学来的有用观念之外,他们还在执行这些观念的过程中以简洁实用的方式对它们进行了有效的改进。

在所有的联军之中,没有谁能够在谴责其他人时不会得到对方以"你也一样"为开场的反驳。一种可怕的施暴欲望在士兵之中蔓延开来,就像这片恶臭之地散发出的轻薄瘴气一般向他们内心渗透。托米·阿特金斯[①]并非头顶光环的 20 世纪版的圣乔治[②],但是对于这些全副武装的部队的某些作为,圣乔治肯定是不以为然的[③]。

英国士兵对于女人和孩子还存有怜悯之心,即便他们是凶残的敌人的家属。例如,就在这同一天里,我注意到他们又一次拒绝参与一起由另一个"外国鬼子"犯下的暴行——这次是日本人。他们滔滔不绝的伦敦上流社会的道德说教犹如对牛弹琴,令我感到深深的遗憾。

情形很快就明了了,那一天根本不会有重大战斗。中日双方互射了几枪,然后孟加拉枪骑兵团得到了表现的机会。他们勇敢地像旋风般冲向高粱地,战马奔腾,长刀飞扬,所到之处绿色的高粱秆摇晃起伏,叶片与长矛的闪光共舞,身后留下一条小径。从那条小径返回时,他们带着沾满血腥的马刀和四面缴

---

① Tommy Atkins,英国正规军士兵的昵称。

② Saint George,约公元 260 年出生于巴勒斯坦,为罗马骑兵军官,骁勇善战,因试图阻止戴克里先皇帝治下对基督徒的迫害,公元 303 年被杀。公元 494 年为教皇格拉修一世(Gelasius)封圣。1061 年,在英格兰的唐凯斯特(Doncaster),有一座教堂献给他。圣乔治为英格兰、格鲁吉亚、莫斯科、加泰罗尼亚、马耳他、立陶宛、童子军运动、士兵和皮肤疾病的保护圣徒。

③ 参见附录五。——原注

获的军旗。

在经历了接连三天每天12小时的马鞍之旅后，我决定尝试一下以船代步。我把自己的马转交给了“义和拳”并指令他带它到下一个驻地。“义和拳”是个很好的男孩儿。他是彻头彻尾的义和团员，在天津被德国人当场投进监狱，再被分派给一个行刑人施以枪决；但是当那个金发碧眼的德国人准备向他开枪时，“义和拳”当着那人的面大笑起来，那德国人觉得他无法朝那张大笑的脸开枪，因此“义和拳”一直不停的大笑下去，在他第二次的生命里得以缓刑，而且，或许是为了笑得更动人些，他用粗质的柔软布料擦亮了自己的牙齿和牙龈，“义和拳”有着最美丽的牙质。

我们有四个往上游拖船的苦力，为了防止他们跑进高粱地而置我们于困境，我们不得不小心看守。有大批的苦力以这种方式成功逃走，但是不时地，会看到另一些人的尸体——那些逃跑企图失败了的人。

那天晚上，似乎有大量炮火从我们很近的地方发射过来，在我们的头顶呼啸而过，那是河西务火药库的爆炸。一团巨大的、暗灰褐色的蘑菇云腾空而起，烟雾之浓极为壮观，在我们身后很远的地方升了起来，足够震撼方圆几英里的中国佬了，他们会觉得这是外国魔鬼发出的地震威力。那团巨大的火药燃起的蘑菇渐渐和云雾混合起来，那些苦力静静地拉着桅顶的长绳拖拽我们的船只，这时候我坐在船舱里，周围是哗哗作响的汩汩流水。

让人吃惊的是，军队并未因为饮用白河的污水而遭受更多的痛苦。乘船的人被迫得喝污水，在岸边扎营的人宁愿喝它而不愿费事去最近的水井里提水。在所有的民族里，英国兵似乎永远是这样的。他们非常口渴的时候，无论水质多么有害，军令和军官都无法阻挡他们喝水。这水对于洗澡来说都已经是很糟糕的了，但是酷暑难耐，以至于到了晚上，有些人很高兴能有机会在这样浓汤般的流体中游上一次泳。有人试图忘记那些面部朝下的男男女女的尸体所带来的精神压力。

有天晚上，我游泳时脚被什么东西卡住了。四下察看，只见一具有着黄皮肤脸颊和肩膀的尸体从我身边漂过。这让我一两天都不愿洗澡。通常的理解是，许多女尸都是自杀的女人的。

联军到达通州时，居然发现水里有些女人正要溺水自尽，有几个被士兵拉了出来强行制止。

在战争的进程中，这项平静的运动形成十分奇特的对照。两岸上，苦力在我们前后拖船，船上是哥萨克兵、印度兵、日本兵、英国兵和海军陆战队。太阳刚刚落山，我们身后燃烧着的村庄发出耀眼的光，还能看到另外一束跳动的火焰和从前面村子里升起的烟柱。我们越过一片小湖，静悄悄的滑过一列中国船队，他们被日本兵俘获，所有人列队站到岸上。穿越水面的寂静，从那群人里传来了婴儿的啼哭——婴儿长牙期烦躁不安的哭声，这是一个出生不久至今除了啼哭还不会任何表达方式的婴儿。使用不同语言的军队伴随着燃烧的村庄的火焰，在这条战争的水道上前移，只有这微弱的哭声让所有人都觉得熟悉。

“听那小孩的哭声”，我们身旁的一个英国兵说。后面船上一个外貌粗鲁、头发斑白的哥萨克兵，倾听着这哭声，对他身旁一个同伴也用俄语讲了些什么，我很确定他是在说“听那小孩的哭声”。在这哭声里，一个头裹穆斯林头巾的印度锡克教徒，似乎听到了来自他那位于遥远的印度河畔的家乡的回声，忽然坐起身，朝着点亮了那位哥萨克兵脸庞的微笑的倒影，微笑了起来。

我们的船于星期六傍晚5点半抵达英国部队在码头的营地。

我们能够抵达本身就是奇迹。六次被卡，与联军队伍里每个国家都撞过船，方向舵失控，险些撞断一艘哥萨克船的桅杆，当温度计在阴凉处显示大约110华氏度时——如果周围真有阴凉和温度计的话——我们每十分钟就会发一次脾气。

我一直盼着能在船上待一天，那样我或许会安静地写一点有关水生动、植物的研究。这种旅行或许可以跟在德比马赛日去埃普索[1]的机会相比。

当船只到岸、船上来自世界各地的业余船员们登陆时，我们发现英国军队已经休息了整整一天，并将在傍晚的凉爽空气里行军。

迄今，白天最炎热的时段总是被选来行军，结果损失惨重，即使是印度军队也无法忍受他们在印度从未有过的经历。

由于没有必要在那条尘土飞扬的路上跟随大军一同前进，我们等到大约10点钟才开始追随他们。

这是一个美好的夜晚，我们一行三人同行。

满月高悬于万里无云的天空，轻妙的薄雾笼罩着四野。一层更白些的薄雾像是一张绞结起来的轻薄面纱覆盖着运河河

① 德比，英格兰中部城市，英国举办赛马比赛的地方之一。每年6月第一个星期六在伦敦附近的埃普索举行赛马，这一天被命名为Devby Day德比日。

道。

在去向问题上我们三人想法一致,但是对于该选哪条路存在着分歧。在铁路筑道一直沿运河边延伸的那一段,一切都很顺利,但是当我们下至平原,遇到铁路联轨站这样的分岔路时,事情变得有些复杂起来。

骑马走了好几英里都没有看到一丝人烟。我们偶尔停下来擦亮火柴,求助于指南针,要不就是借着火柴光或月光,下马研究路上的脚印和车辙。

经过树林时我们可以听到蝗虫由渐强到渐弱的沙沙声,或者用中国人的叫法把蝗虫称作"磨刀虫",这个词清楚地描述了他们发出的噪音,除此之外我们听不到任何声音。

我们骑马穿过一座死寂的村庄,那里的空房子在月光下看起来非常可怕。街道的一边处于浓密的阴影中。起始于村庄的那些狭窄街道看起来闻起来都像是黑暗的阴沟。有些狗还留在村子里,在各个角落里安静地溜来溜去。如果村子里还住着原来的居民,毫无疑问它们会冲我们狂吠,但是现在,它们悄悄地退缩了。

笼罩在整片土地上的畏惧似乎也笼罩了它们——看来连这些凶残的狗也不能幸免无法触及的恐惧的侵袭。它们肮脏的同伙——那些黑猪,出人意料地突然出现在我们的马蹄下,然后匆匆跑开了,消失在黑暗的阴影里。但是在无法逃避的结局里,猪狗都比它们的主人活得好。

我们再次进入空旷的田间。之后不久,我们算出自己已经走了 10 到 12 英里,而且如果没有完全走错路的话,此刻应该已经赶到英国营地了。

月亮下沉的时候影子就被拉长了。在黑暗中穿过遍布敌人的田野，绝对不是一幅美好的画面。

我们再次停下来，在一段种满了高粱的小斜坡底检查上面的车辙痕迹。这时候我们听到上面一阵嘈杂，紧接着接连瞥见两个身影朝我们的方向跑过来。

借着朦胧的光线，我们模模糊糊地看出他们是光着上半身的。他们钻进高粱丛里再也看不见了，高粱丛沙沙作响，显然他们在向这边靠近。

“谁在那边？”我们中的一个人吼到。一个声音从高粱叶间传来，是一种我们没听过的语言。

我掏出连发左轮手枪，心想这次我们得用上它了。

忽然，他们之中有个人走了出来，在月光下再次大吼着什么，于是我们认出了这些新来者。他们是印度锡克教徒，显然是出来找水的，因为每人手中都拿了一只黄铜碗。

毫无疑问，这一发现让我如释重负，并且，我们高兴地从他们那里得知英国营地已经非常近了。我们抵达的时候大部分人已经睡着了。多草的斜坡围绕着一座精巧装饰过的坟墓。躺在斜坡上，几分钟后我们也进入了梦乡。

第四章

通州到北京

以马鞍为枕，我们沉沉睡去，次日清晨醒来时，露水打湿了我们的衣服，右臂的酸痛让我想起，在不得不席地而眠时，不管有多累，都应当在髂关节相应的位置挖个地洞。

英军营地上，大家已经起床活动了。日军作为先头部队启程，我跟在他们后面上了路。尽管通州的城墙与北京的一样坚不可摧，他们入城时却并未受阻。日军和俄军已经进了城。他们在这座富庶城市的商店、铺子和豪宅里翻箱倒柜搜索财物。

从商业上来说，通州或许比北京更富有。它是所有下至天津的水路贸易的必经之地，并拥有比北京更富有的当铺。在中国，当铺是十分重要的机构，不仅有着可以预支现金的大量当票，还是老百姓们储存贵重物品的地方——珠宝、昂贵毛皮、贵重玉器和各式各样的艺术品，都可以在当铺中找到。对于想要抢劫的人来说，再没有比一家兴隆的当铺更好的地方了。

很显然，大约三分之二的居民逃离了这座城市。几乎所有的房屋和店铺都被遗弃了，一切有钱人都走了，他们的房子大多留给一两个忠实的仆人看管。

沿街前行，我们经过各处一群群的士兵，他们自顾自地从粮仓内搜刮马匹饲料，砸开关闭商铺的门窗，洗劫其中的财物。一些最底层的当地人，逡巡在他们周围，形容贪婪，以期浑水摸鱼。这种欲望强烈得已经超过了他们的恐惧。这座几乎被自己居民遗弃了的富庶城市完全受控于那些士兵，看起来是一幅让人感觉怪诞的景象。设想一下利物浦或是曼彻斯特发生了同样的事情吧！然而，士兵们意识到，所有这些落在他们手头的财富，却并不能带走多少。你可以看到，他们刚刚绑扎了一个装得满满的包裹，里面是他们能塞得进去的最值钱的东西，然而一旦发现更好的，就把这个包裹扔到一边了。

在这些狭窄街道组成的迷宫中，要军官管制他们的士兵几乎是不可能的。在城中至少一处地段，有些俄国士兵正为所欲为。他们似乎彻底沉浸在抢劫带来的狂欢中。

城墙和建有房屋的高地间有条低陷的道路。沿途走过，我可以听见俄国人的呼吼混杂着从那些房屋内传出的尖叫。那些毗连的房屋比下面石砌的道路高出许多。在这峭壁底部，躺着两个中国女孩子。她们的双腿在身下扭曲着，看得出是从上面跳下来的。从她们刺绣的丝质衣裤、精致的头饰和裹了的双脚来看，很明显是上等人家的小姐。她们发出凄惨的呻吟，其中一个看起来已经奄奄一息。她们的腿和股骨显然在跳下来时摔断或是脱臼了。我走向她们。那个伤势轻些的女孩子面露嫌恶和恐惧，向后缩去，直到我拿自己的水瓶给她水喝。她娇弱、稚嫩，迫不及待地喝水时，小手在我的手中剧烈颤抖。另外一个伤得太重，几乎无法吞咽了。士兵们声嘶力竭的喊叫，偶尔混杂着一声哀号，从上面的房屋中传来，揭示了她们拼死要逃离的境地。她们无助地躺在那儿,黄铜色的日头照射着那条荒凉的、布满尘土的路。很显然,在那日头下,她们经历着难以忍受的痛苦。四周目及之处没人过来救助她们。我们别无选择,只有把她们丢在那里。以往几天的行军路上,我们遇到很多类似情况,也不得不那样离开。在我们北上途经的村庄中,很多中国人的房子里,全家人并排躺在炕上闷死自己或是悬梁自尽。北京城中也是如此。

日军和俄军住进了那些房屋。我选了一处被留给一个老男仆和他妻子照看的房子过夜。两三个刚刚进来的哥萨克兵被我赶了出去。这些大个、粗暴的半野蛮人很是驯服,对于底气十足地摆出的权威十分顺从,即使是像我这种没有任何因由的命令。我因此赢得了那老仆人的极度感激。他带我参观了整座住宅,并告诉我这房子的现任主人是位学者,一个文学家。那里有许多书。那主人一定是个艺术鉴赏家兼收藏家,因为房子里摆满了稀有的艺术珍品。除此之外,几个房间里放着巨大的黑色桃花心木橱,结实的樟木箱子装满了贵重的毛皮衣服、丝绸和刺绣品。那老仆人给我上了茶。我让他拿来了纸、墨和毛笔,写了一张布告,让他贴到外门上,宣告此宅为《每日快报》①和《环球报》②通州办事处的所在地,非公务不得入内。这张告示对俄国和日本士兵来说可能意义不大。不过当他们中一些人进来时,我严肃地把他们带到门口,指着那张告示,打手

---

① The Daily Express,1900 年由比弗布鲁克爵士(Lord Beaverbrook)在伦敦创刊。

② The Sphere。

势让他们离开，他们也就离开了。

下午，我离开那里，还打算返回过夜。但是，等我三四个小时之后回来，发现我的告示并没有起到有效的保护作用①。那宅子被洗劫了。橱子被砸开，樟木箱子被抢掠一空，窗户和镜子被打碎了，刺绣品和绸缎混杂着瓷器和陶器碎片撒了一院子。墙上的字画明显地被刺刀划过，由此可知应该是俄国人干的。他们总是把刺刀装在步枪上，随身携带。那老仆人坐在院子中央，被刺刀戳破的胳膊流着血，他的妻子在一旁试图帮他止血。这是此城中数百所宅子里典型的一幕。房间里堆满了凌乱不堪的残存物什，我没法睡在那里，只好到城墙外的英军营地去。

我经过城边的一片大池塘，数百名日本兵正在那里晚浴。他们把爱干净的民族习惯带到行军路上的每个地方。不管在什么地方找到了水，你总是能看到日军营地里很多人在洗澡或洗衣服。

英军的营地在河边，士兵不许进城。盖斯利将军在那天下达了不得抢劫的严厉禁令，有些人受到重罚。在这个问题上，如果其他将军和盖斯利将军看法一致，联军的出征就不会像眼下这样，因抢劫无辜的人而蒙羞。

顺便说一下，作为英军指挥官，他是一个多么优秀的典范啊——浓重的眉毛下一双明亮而深陷的眼睛，灰白的胡子，饱满结实的胸膛，色彩各异的勋章绶带在胸前随风翻飞。这胸膛

---

① 参见附录一。——原注

也毫无疑问地揭示着他笔直的后背，尽管你只能描绘出他的正面，也就是他面对你、面对一切东西时的姿势。他笔直的背部、饱满的胸膛和沉稳的面容既构成了他的外形，也显示了他的内心。假如要画出在北京远征中的盖斯利将军，那可以是他骑马走在全队最前头，或是膝盖陷在水门下的泥淖里，为了做第一个援救公使团的人，奋不顾身地向前冲；又或是，身后是天坛的辉煌背景，他正站在汉白玉台阶上，愤怒地指着一段破损的镂雕栏杆，斥责某个容许这种暴行出现的军官；还可能是，他在弯着身子，用那只能听得见的耳朵（他有一只耳朵轻微失聪），以一种谦卑的姿势，留心细听某个不那么高大的问讯者。

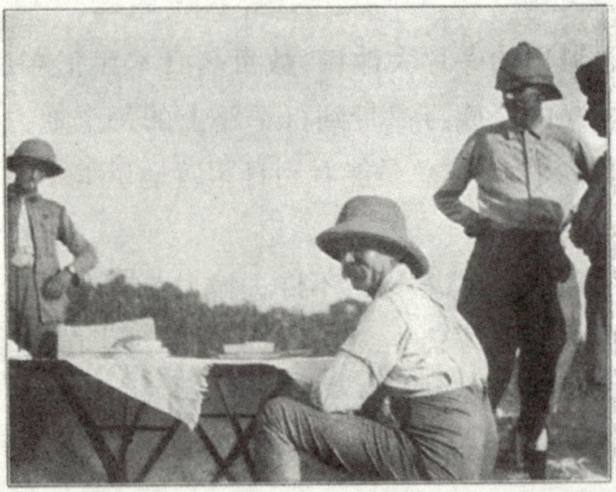

阿尔弗雷德·盖斯利将军

要让他的脸上露出笑容，你只要跟他谈让一支混编军队配合紧密无间有多么快乐就行了。他认为，像个外交家那样为了自己国家的利益对别国撒谎，绝不是一名军人的职责。对战争,他愿意接受任何对手。我甚至相信,如果对手联合行动,只要大家有同等的准备,他也会照单全收。但是有些东西他并不喜欢,也不会降低准则参加那些“卑鄙的”、不遵守规则的游戏。其他队伍的军官答应在某时去做某件事情,他便认定他们会这么做。他们有时会为占便宜而去做不该做的事,或是提前做说定的事,搞“计谋”——像他们在中国说的那样,他是十分不齿的。

他痛恨对那些未逃走的妇女和穷人施暴;这些人天真地以为留下或许是安全的。

他以他的队伍而自豪,并且有充分的理由,为这次艰苦的救援旅程中他们所表现的每个细节感到骄傲。他是英国军官和绅士的优秀典范,是这场世界军事大赛中,他的同胞可以引以为傲的典范。

我跟孟加拉枪骑兵团一起进餐。他们把河岸边一大片开阔的木材场搞得乱七八糟。我们全部露天睡在那片场地里,那些能找到一些锯屑的人,欢天喜地地占领了锯屑造就的更柔软的睡处。我不知自己睡了多久,就被某种碰触我脸的东西弄醒了。意识到那是一只吃腐肉的狗,我感觉很不舒服。

夜很黑,只能看到一个竖着耳朵的毛茸茸的模糊轮廓,但它污浊的呼吸发出绝无仅有的臭气。我一醒来它就飞快地跑开了;不过,它的许多同类都像幽灵般地在黑暗中徘徊。夜间席地宿营时,这些讨厌的畜生就格外惹人厌恶,并且会产生令人作呕的感觉,觉得那些狗或许会咬掉一块肉去做样本,研究那睡着的人到底是不是一具尸体。有这些食尸鬼似的畜生围在身边,让人很难睡得好,天刚破晓我就骑上了马。大家都觉得在天黑之前会有重大的事情发生。

离开了英军营地,我骑马通过南城墙外一片人口稠密的郊区。空气中充满了难以形容的腐臭气息。在这样的大清早里,这味道似乎前所未有地糟糕。然后,我通过穿透厚厚城墙的狭窄城门,再从那儿赶去另一端的城门。通州官道从那里通向北京。

城中的街道上呈现出一幕十分独特的景象。因为太阳还没升起,房屋密集的狭窄街道仍然隐蔽在阴暗之中,但是街上充满了移动的身影。前一天还无影无踪的数千名底层百姓,从天知道什么地方冒了出来,正致力于打劫那些弃他们而去的富裕同胞的房子。一场彻底的、非凡的财富再分配正在进行当中,这远比最激进的社会主义者曾梦想过的再分配还要更激烈、更突然、更实际。

肮脏的、衣不遮体的乞丐和苦力背着一包包毛皮和一匹匹丝绸蹒跚而行。其他人头上顶着桌椅。他们都像蚂蚁般匆匆赶路,一排人沿着狭窄街道的一侧前行,与其首尾相接的另一排走在另一侧。当时,街道两侧那些被砸开的店铺呈现的是怎样一幅画面啊!几乎每家铺子的门脸都被砸坏了,里面的东西天翻地覆,搅浑在一起,比一场地震还要来得彻底。联军士兵在前一天收割了劫掠的果实,这些人是其后的拾穗者。不过,我想大体上拾穗人比收割者得到的还要多。

通州不是一座充满华丽宫殿、庙宇或衙门的城市,但是有很多有钱的商人,富有的当铺和生意兴隆的商贩。通州这场财富再分配的最终结果是多么令人好奇啊!那些不得不突然逃离的市民经历的痛苦和磨难该有多么可怕!

我把我的马牵进一家放了各种桶装谷物的店铺。有些谷物对我来说十分陌生,我就让它随意去吃。它便兴高采烈地大吃了一通。然后，我赶往西城门，那里被日本士兵占据，插满日本军旗。我在一条从通州通往北京的巨石路上赶上了前进中的日军。那条石路由巨大的石块铺成，比两边的地面高出几英尺。经过几个世纪车轮的磨损，石块的边棱被磨光了，到处都有形状不规则的石头缺失。在这样的路上疾驶会折断世上任何一架车辆的弹簧。

中国人从路两旁的房子里逃走了，只有一间房子里，两三个老人卑躬屈膝地给我们备了茶、切了瓜。

这是炎热劳顿的一天，我们沿着那条铺砌的石路前进。两边的田野美丽而肥沃。像我们前进途中的许多其他乡村一样，此处丛生的古树、肥沃的田野无法不让人联想起英国风光，直到中国寺庙的翘角山墙、精雕细刻或生了苔藓的坟墓的出现破坏了那种幻觉。日军前锋捉到几个当地人，就能够从他们那里获知的信息来看，中国人准备在北京城墙上进行顽强抵抗。若果真如此，联军将面临极为艰巨的任务，以致对公使团的救援会拖延数天。

日军前行至距东门①三英里之处停下来过夜。因为他们将在清晨很早出发，也为了防止任何被拉下的可能，我和另外两三名记者赶上了他们的先头警戒队。此处有七八名日本士兵驻扎在寺庙里。寺庙自然被僧侣抛弃了，一两尊色彩俗丽的庞大神像被打翻过去。寺庙之内是被居室围绕的普通庭院，我们占据了其中一间。里面的人逃走了，不过仍有几只狗在这片宅子里游荡。警戒队在日军主力之前很远的地方。我的几个拥有北京大车和骡子的朋友把车和骡子带进院子，并解下挽具。

① 俄军攻打的是东便门。

夜幕降临时，天空下起了毛毛细雨。一只狗不停地哀嚎。这座毁弃荒废的寺庙并不是个令人愉快的地方。九点左右，我们听到右方很远处断断续续的枪炮声。半小时之后，几发炮弹从东城门方向显然不远的地方射来。

通州至北京途中的日军

但是，由于白天炎热的旅程，我们很疲倦，便上床睡觉了。然而当我发现自己在剧烈震动时，好像才只睡了几分钟。一个同事让我立刻起床。空中传来步枪时断时续的噼啪声，好像来自三个方向。夜色很浓，而且，由于大车和骡子的拖累，我们的处境不像原本可能的那么轻松。如果日本警戒队撤退，留下我们被一大群中国人包围该怎么办？很快步枪火力加强了，而且似乎离我们更近了。我走到门外，想看看日本人是否还在那里。他们还在寺庙前面，机敏地防范着向黑暗中凝视。负责指挥的那人说了些什么，可我听不懂。我的同伴已经给骡子上了挽具，套上大车。看来向主力队伍撤退是我们的最佳选择。“欲速则不达”。我们的唯一光源是在庙中找到的一段烧得噼啪作响的旧蜡烛。更添乱的是，两匹骡子耍起异乎寻常的倔脾气。给马上鞍时，我的头顶传来熟悉的子弹呼啸声，周围噼里啪啦的步枪火力也正在增强。然而，我们最终还是给马上了鞍，把骡子套上车，并沿着难走的陈旧道路动身返程。

在回程不远处，我们遇上了日军主力部队。一位在一所荒废的房子前站岗的热心小伙子，指着他在地上的毯子让我躺上去。几分钟后，我很快又睡着了。

我醒来时听到行军者整齐的踏步声。日本部队不知疲倦地沿着我脚边的大路前进。在拂晓时分的第一道曙光中，他们的身形模糊不清。半梦半醒间，我看到福岛（Fukushima，全名福岛安正，少将）将军怒气冲冲地从我身边经过，朝几个骑马与他并行的军官打着手势。几分钟后我再次坐上马背，并且遇到一个会讲英文的日本军官。从他那里获知了昨晚开火的原因。看来是俄国人在众将军约定的时间之前，过早向城门发起了进攻。他们整夜都在战斗，只是显然并不成功，因为俄国将军半夜派人到福岛将军那里去搬救兵。但他是在约定的时间之前发动的进攻，福岛将军拒绝了他的请求。据传，那个传信给福岛将军的军官说，如果他们得到日军的支援，联军就可以成功地通过城门入城。福岛将军回问：“那美军和英军呢？”那俄国军官随即答到：“如果没有他们我们也能干，何必还要为他们费神呢？”但是福岛将军回答说，他答应在某个时间开始进攻，那就必须坚守他的承诺。

天渐渐亮了起来,我感觉这会是意义重大的一天。公使团的命运可能会在天黑之前揭晓。我沿着那条石路前行,赶到日本队首。步枪声从浓密的树林中传来时,我刚刚赶上前卫队。此处,高大的灌木丛从树林里冒出来,伸向道路的两侧。子弹朝我们飞来时,尖锐刺耳的嗖哨声听起来像鞭子甩下去的声音。日军迅速向两侧的灌木丛散去。火力骤然加剧,几秒钟之后我们陷入了一场激烈却极为神秘的遭遇战。一名日本兵倒在一旁,伤员被战友抬出树林。

大部队停了下来,这种断断续续的枪声持续了十分钟。啪啪作响的子弹穿过树叶,从隐蔽的敌人那里飞过来。忽然,我近旁的灌木丛分开了,一名俄国军官纵马跃上大道。他激动地对就近的日本兵说着什么,可是他们根本听不懂。我认识他,我跟史蒂索尔斯将军会面时见过他。他会讲一点儿英语,激动地告诉我,与日军交战的是俄军,而且已经死了两名俄军士兵。由于福岛将军的参谋就距我几码之遥,事情很快被解释清楚,日军立即下令停火。几个中国狙击兵在我们左方开了几枪,日军随即响应。左侧更远处的俄军,被枪声惹恼了,开火回应,因此造成误会。于是,联军两部在一场小遭遇战中交战了,树木和厚厚的灌木丛完全隔开了他们。

这起事件之后,行军开始继续。我们一直往前走,直到拐过一道小弯,北京城高大的城墙和雄伟的城门楼便映入了眼帘[①]。城墙约四分之一英里外的大道尽头,有很多挤满各式房屋的街巷,接下来是一座横跨护城河的石桥,庞大的城门楼高耸于桥的另一端,它所展现的雄伟和坚固令人叹服。真正的城

① 日军攻打的是朝阳门。

门从外面是看不到的，它靠近城楼，位于其右方。首先是外门，之后才是穿过城墙的内门，两门之间有很大一块场地。

我与日军先锋一起沿街前行。所有的房子屋门紧闭，看不到一个生灵。石板路上回荡着我们的脚步声。当我们停下来，唯一打破这寂静的东西是一串费力的咳嗽声，好像来自紧闭房屋中某个年迈的老头或老太，大概是年纪太大逃不动了。

在这片城郊的主街右手，有一座宏伟的庙宇，两尊巨大的石狮分立于两侧入口。城墙和门楼上没有任何生命和动作的迹象。日军主力部队渐渐赶上来了，并且，他们一赶到这里，便停在了街道中央。很奇怪中国人还没有开火。会不会像在通州那样，他们已弃城而去，我们不费一刀一枪就能将它拿下？

一排排身穿白色制服的身影沿两边赶了上来。每个人都面露期待。他们低声谈论着，你还能听到从紧闭的屋子里传出的那怪异的费力咳嗽声。

然后他们逐渐填满了整条街道。他们的路线是弯曲的，当士兵们拐过那道弯，在街道尽头，宏伟的城门楼——一个令人恐怖的谜——出现在他们面前。

有人在向前移动，也有一些日本士兵在向城门靠近。这时，乒乓声大作——一阵可怕的枪炮近距离向拥挤的日本军队扫射过来。毛瑟枪和其他小口径步枪的嗯哨声我非常熟悉，但是有种新的声音是中式步枪发出的。就像男人爱惜他们的新帽子、女孩儿爱惜她们的新衣服，致命的枪弹突至，每个人都以最快的速度慌张地窜向路边。我一边的一个小个儿日本兵被击中了脚踝，另外一个在我左边的被击中了手臂。我刚刚用胳膊架起那个脚踝中弹者，他就用单腿向路边跳去。我们闯进了一个死胡同，那儿看上去是这个地区的垃圾堆。我们屏住呼吸挤了进去，我发现自己身旁竟是福岛将军。那个受伤的日本人、我、还有其他两三个人，坐了进去。这是一个理想的避难所，子弹像冰雹一样打在我们身外的墙上。紧挨着的那栋房子是家当铺，门口晃动的商幌随着子弹的袭击颤摇不已。街道另一边的士兵为了躲避子弹，低低地猫着腰，向各处房屋奔去。

我们的避难所是一处很臭很脏的狭小地方。我觉得那是我待过的最难闻的地方。不过，能够躲避落在外面墙上的枪林弹雨，任何地方都是好的。传令兵向将军飞奔过来，在避难所外站了一会儿，直到我们让他进来。

福岛将军转身对我说："我们会在20分钟后炸开城门，随即将其攻占。"

日本工兵一个接一个地向前进发，直到20分钟延长为半个小时。士兵们带着令人振奋的坚定勇气，越过暴露无遗的桥面前去爆破城门。在桥上，他们可能成为数百中国士兵的靶子。这是一次毫无希望的尝试。并非因为在10人被击中后，他们有任何退缩。看起来，如果军官命令所有队伍跟上，没人会有片刻犹疑，但那是这些勇士不可能完成的任务。当第一队人马怀揣希望在强烈的火力下出发时，他们受命沿街前进，喊着欢快的短号子，"一，二；一，二"，跑了起来。接下来，他们在离城门较近的地方寻找掩护，因为在城门被炸开之前，进攻是没有用的，城墙上的中国兵有效地阻止了他们。此时，街上空无一人，日本人都躲避在街道两侧，中方的火力减弱下来。于是，大家意识到炸掉城门的企图无法得逞。这时候，日本炮兵在远郊的高地上行动起来，开始向城墙和城门开炮。

接下来的6个小时里，出现了一幕我在战争中前所未见的独特景象。64门大炮向城门齐发，有的发射榴霰弹，有的发射定时引信的和触地开花的炮弹。这是晴朗的一天,空中万里无云。炮弹不停地从我们头上呼啸而过,门楼和城墙上方团团轻烟就是榴霰弹爆炸的地方。可是,虽然被炮弹打得千疮百孔,巨大坚固的古老门楼兀自岿然不动。门楼之上是一片青灰的瓦片房顶。房顶边檐被炮弹击中的地方有一些缺失,就像小孩子在面包或黄油上咬了一口。

我走去炮兵阵地,在那儿看到了前所未见的最美的战争画面。炮口径很小,他们几乎一下就把正在调整中的小型炮拉到了炮位上。这些小日本身穿白色制服,头戴黄条纹帽子,看起来非常整洁,在炮身边重复着一套固定的动作。然后炮弹轰然出膛,射到历经了几个世纪的庞然大物上。城墙几乎没有任何动静。约三四枚炮弹反弹回来,其中一枚险些酿成惨剧。山口将军[①]、福岛将军和英美部队的武官正聚在一栋中式房屋咯吱作响的屋顶上,这枚炮弹就在他们头顶炸开了。再低两码,就会炸到所有人,真是一石多鸟了。日本炮兵的操作让人赏心悦目,真的是完美的操作。你可以想象,榴霰弹雨在城门后的街道上会引起怎样的惶恐,可是城门本身并未遭受什么损毁。这简直就是用无数的射豆玩具枪朝城门开火。

---

① Yamaguchi,全名山口素臣,中将,侵华日军司令。

第五章

攻占北京

等了一阵之后，我重又沿街前行，走进右手边的那座宏伟庙宇。它的外庭此时已被日本人占据了，其中一部分被用作战地医院。日本军医已经开始救治伤兵，医疗器械被分配到各处，护士在一排排担架间静静地工作着，仿佛他们已经在那儿驻扎了一个星期似的。

被日军轰炸后占领的东城门

从城门内拍摄的东城门，日军从这里进入北京

寺庙之中有许多宽敞的庭院。一座院内，精雕细刻的巨大纪念碑一排排地矗立着，上面刻有详尽的碑文，有些碑身压在在中国象征不朽的石龟背上。布满青苔的庭院一座连着一座，树叶与华丽的琉璃瓦屋顶、粗壮的木柱、五彩珐琅和褪色的金箔相映成趣。在那些被日军占据的庭院之外，一切都十分平和。此处有一种神圣的宁静。庙堂之内，一股熏香的芬芳萦绕在静谧的空气中。只是，在湛蓝的空中，子弹呼啸着抛落，并有中式步枪低沉地回应着。

庭院深处似乎是僧侣的修行禅室。穿过迷宫般的路径，我来到一道紧闭的门前。听到里面有声音，我便不停地敲门。终于，有个老头打开了其中一扇。他极为惊恐，我试着以温和的举动使他安心。他打开门，点头哈腰地把我带了进去。里面是座美丽的庭院，四周围绕着清爽怡人且陈设齐全的房间。院中鲜花盛开，一些大理石面的桌子和光亮的黑木椅环绕周围。在这片僧侣的居所内,一切都整洁无瑕。只有三四个僧人留在那里。

我打手势告诉他我非常饥渴,想要一些吃的和喝的。他迫不及待地要满足我的需求。不一会儿几个老汉就在厨房里忙活着准备东西了。一个小男孩儿不知从哪儿冒了出来。他好像对头顶子弹的呼啸声很感兴趣。院子中央有一口井,这给了我一个可以洗个痛快澡的机会,我已经盼了四天了。我有那么久没脱过衣服,感觉好像只有沙丁鱼罐头开启器才能把它们从我身上剥下来。我支使那小男孩儿用井里的水桶打水上来,很快就享受起把冰凉井水泼遍全身的强烈快感。正当我心满意足地享受时,一个老汉打起了手势,神秘兮兮地指向院子的一侧。顺着他的指引,我发现自己来到一间貌似僧衣室的房间,放满了各种衣物的橱柜绕墙而立,洗得干干净净的亚麻上衣和内衣,还有精美绝伦的刺绣袈裟,被仔细地叠好放在里面。有些薄纱外衣可以当做理想的浴袍,我穿了其中最为舒适的一整套。

此时我的发现已经被其他几个记者和一个武官发觉了,他们很快就照我的样子洗澡更衣。我们的僧侣主人已经在一所房间里摆好了爽口的茶水。茶水盛在精致的瓷杯中。一个僧人打了个手势,各色蔬菜和菜汤便摆了上来,当中没有一点荤腥。他们当然没有面包,不过给了我们一些煮得很可口的米饭,最后以一些甜糕结束了这一餐。僧人拿出烟斗和中国烟草,我们在饭后愉快而安静地抽起了烟。

此地有一种舒缓人心的佛教般的平静。这是僧人们多么理想的参悟之地啊!它有着多么完美的宁静氛围!这是对尘世多么彻底的脱离!四壁的老画,艳阳下的花朵,对于要彻底超脱凡俗的人大有裨益,单只修炼到这一点,虔诚的僧人就有望通达极乐了。但是头顶子弹的呼啸声仍然每隔几分钟就将这寂静打破。很难意识到悄然静立的墙外正在上演的“好戏”。然而我们不得不中断安静的午休,出去打探事态的进展。

福岛将军决定,一旦夜幕能够掩护他们的工兵,就再次设法炸开城门。炮火停了下来,我们可以感受到,稍后就要展开的最后一搏正在酝酿之中。长街两边的房屋此时已被日军占领。夜幕降临时,很多士兵躺下小睡,其他人则忙着搜寻店铺里的东西。好不容易我才找到一块可以躺下的地方。我所在的那家店铺后面,日本兵正到处翻箱倒柜。我刚刚睡着就被一声巨大的爆炸声惊醒了,紧接着又有一声。我知道那意味着什么。城门终于被炸开了。

几秒钟之后,日军在门外跑步前进。此刻一切都鲜活了起来。他们喊着“一,二;一,二”的号子,向前跑去。中国人再次从城墙上开火,火力几乎跟他们早晨迎接我们时的一样强烈。日军不得不匍匐着靠近两侧的房屋。这是一个晴朗的夜晚,月亮刚刚升起。回应中方的火力毫无意义。日军利用每一处凸角做掩护,沿街道两侧继续推进。子弹暴风雨般向他们的面部扫射。他们在最后一个凸角停了下来。此处到城门楼之间,有一片开阔的空地。桥上的火力异常猛烈,日军被逼到每个掩蔽凸角之后,紧贴墙边。但是天哪,他们多么享受这一切啊!他们在怎样的欢呼歌唱!这激情足以让他们高呼日本万岁了,还有响亮的欢呼与之回应。

他们分批向前穿过露天的空地。我跟其中许多人一起飞奔,以最快的速度冲了100码。中国人在我们上方的高墙上持续开火。城墙在外侧投下浓密的阴影,当我们抵达巨大的城门时,可以在阴影里躲避炮火。就这样,我们经过了院子的一个拐角。这里的场面异常激烈。

中国人依然在上面的高墙上持续开火,每一枪都在庭院里引起上百声回音。即使在漆黑的影子里也能看到小日本的白色军服,他们的连枪刺刀泛着微光。你可以听见军服摩擦时的嚓嚓声和钢刀碰到石头时发出的咔嚓声,以及日本人一刻未停的号子。

最后一次冲锋是要穿过内门。镶嵌了铁制门钉的高大木门被朝内炸倒。其中一扇还没完全倒掉,顶部朝下斜倾着,另一扇几乎被轰倒在地上。城门上部深长的环形拱道像是一副乌木画框,框出一副乳色月光图。我们从斜倾的门上跑过。从门顶往下跳时,我差点儿扑到一个士兵身上,他正用刺刀把一个中国人戳向地面。在接连不断的刺戳之下,那人像只蠕虫一样扭动着。周围躺了许多中国人的尸体。这里有过一场恶斗。上方的城门楼上,日军与防卫者展开了肉搏战。他们的进展紧随着欢呼声和步枪扫射的嗒嗒声。枪声渐渐减弱,最终完全停了下来。一条宽阔的白色街道从城门延展开去。自我们所站的地方,目光所及之处所有的房屋都没了屋顶,一片断壁残垣。日军排成中空的方形队列,沿着通往城墙顶部的宽阔斜坡前行。城墙上躺了很多中国人的尸体,城门楼的木头地板上也有许多,污浊的木板上血流成滩。他们看起来是一群衣衫不整的家伙,然而这些人的确是以极大的顽强和决心守护了城门的。

日军沿城墙列队时看起来聚集了大约1000人。在我们远处的右前方,朝向公使馆的方向,一团熊熊烈火正在燃烧。我们把它认作是信号,是为了指引我们救援被困者而燃的。日本兵敏捷地沿着城墙前进。墙上是一条铺砌平整的道路,墙的外侧筑有一道布满射击孔的胸墙,还有很多地方设有伪装加农炮的斜面射孔。城墙沿路有无数这种大炮形状的实心铸件。数以千计的中式长步枪和成堆的现代步枪散落各处。

这是一个明亮的月夜,整座城市在月光下熠然生辉。然而它看起来是怎样一座废墟之城啊!我们右侧好像着了一场大火,那儿没有一扇完好的屋顶,唯有平房的墙壁残存。我们左边,围绕着城墙的护城河水像一条白色的银带般波光闪耀,越过水面,村庄随着我们的目光无限延伸。

士兵们钉了铁掌的鞋后跟在石路上发出啪嗒啪嗒的声响,他们的军号也在长长的队列中此起彼伏地吹起。尾部的号声听来像是前面号声的清脆回音。在月夜的清澈空气里,这些军号彼此呼应唤起了一种美妙的感觉。我们走了大概半个小时,忽然之间,前方枪声大作。队伍停了下来,前头的士兵躲避在斜面射孔内,而一些先遣部队展开阵形开火回应。

城墙上大量身穿白色军服的日本兵成为致命的目标,对来自城内的火力来说尤其明显。他们受令蹲下,只有军号手站立着吹奏他们的奇特曲调。这时日军沿城墙发起群射,前方的炮火减弱下来,于是我们再次前进。很快我们就遇见了几具尚有余温的中国人尸体,还见到一些搭在城墙上、用木板条支起的脏污帆布帐篷。火还在烧着,烹饪器皿、一些衣服和中式步枪,还有几面旗子,乱七八糟地扔在那里。这是我们遭遇的最后一次抵抗。前方的信号越来越亮。想到公使团的最终命运,我们越接近它,激情越高涨。我们靠近的那个城墙角有座高耸的宝塔,我们的路线将从那里成直角拐弯。间部(Manabe)将军亲自打头阵。

意外地遇到一队显然在我们之前抵达的俄国哨兵,真让我们惊讶！尽管从他们那儿只能得到些支离破碎的信息，因为语言不通，但还能猜出他们在试图告诉我们，公使团已经获救了。这真让人震惊并失望，而且极大地削弱了我们的热情。作为唯一一名跟随日军的英国记者，我曾为自己将要成为公使团救援行动的首位报道者而沾沾自喜呢。

此时已过了午夜，之后的行军显得单调乏味。我们经过城墙上的观象台——台上置有精雕细琢、美轮美奂的青铜仪器，自哈德门（Ha－Ta Gate，现崇文门）处下了城墙，沿使馆大街前行。即使在暗淡的微光中，也能感受到那里发生过的殊死决战。翻越横贯街道的高高路障时，我们费了些周折。北京很少有楼房，不过使馆大街上有很多欧式建筑，它们的高层全被炮弹打成了筛子。

间部将军和他的军官赶赴日本公使馆，我在那儿得知我的朋友柴（五郎）大佐[①]已经脱险。我们在古巴战争中相识，他是派驻美国军队的日本武官。我还得知除了少数几例人员伤亡外，公使团成员安然无恙。此时将近凌晨两点。费尽周折我才在断壁残垣的迷宫中找到通往英国公使馆的路。使馆里人们席地而眠，庭院里挤满了担架，人人都已入睡。我看到一副空担架，也没问那是谁的，就躺了上去，头几乎还没沾着枕头就入了梦乡。

① Colonel Sheiba，下文有时称 Lieut. － Colonel，中佐。

第六章

美军不攻紫禁城　翰林院之毁

我在清晨醒来,不同寻常的一幕出现在眼前。英国公使馆职员前一天晚上占领了庭院,此时正和各部门的官员一起洗漱。我要找人借刮脸用具,新闻审查官看来是个合适的对象,虽然——说句公道话——他并没怎么删减过我的快讯。裹着卡其布包头巾的印度人和勤务兵正忙碌地走来走去。我们痛快地洗漱了一番,大部分人好几天都没洗过了。窦纳乐爵士[①]周到地在公使馆的大餐厅内准备了早餐。他和其他许多公使穿着干净、体面、优雅的衣服,让一些衣衫褴褛的救援者自惭形秽。我们用早餐的餐厅一端挂着已故女王陛下的大幅肖像,从墙面微微向外倾斜。一轮炮弹射穿了房间里的每一堵墙,并从画像后面穿墙而出,而画像完好无损。

当你走出来,听见头顶的子弹飕飕作响,那感觉十分奇特。公使夫人们已经对这种声音习以为常了,穿着白色褶裙四处走动,仿佛那呼啸声是鸟儿的啾鸣。隆隆炮声自城墙方向传来。我略费周折走上了城墙。公使馆四周围绕着大量防御工事和

① Claude MacDonald(1852—1915),时任英国驻华公使。

毁弃房屋，任何外来人要在这儿走动都并非易事。在通往城墙顶端时，靠近公使馆的地方，我发现一个法国炮兵连正朝紫禁城方向开火。由于美国人已经进入而中国人还在城墙和墙上塔楼里顽强抵抗，紫禁城外院火力十分强烈。西北方向升起一股滚滚浓烟，北堂①方向也有烟雾升起，虽然北堂驻军士兵的命运如何还不得而知，但据悉罗马天主教使团被围在那里。

美军占据了两座紫禁城外院，正向那扇巨大的木门发起进攻。他们和紫禁城宫殿之间此时仅有一门之隔，这时他们受令停止所有进攻。相信将军们在相互磋商之后，决定保持宫殿的完好无损。美方火力刚一终止，中方便也停了下来。

很奇怪，在这个紧要关头联军并未采取进一步行动，俘获皇帝和皇太后，据知他们昨晚才刚刚离开，此时还不会逃得太远。如果皇帝和太后未能逃往遥远的陕西省而是被拘禁宫中，那么后来的谈判将会简单多少啊！让某类军事理事会来指挥一场有限的军事行动十分荒谬，这就是一个例证。

从城墙下来的路上，我经过了翰林院的废墟。这片建筑紧挨着英国公使馆，为了逼出外国人而被蓄意纵了火。没什么比他们的这一行为，或者说，比他们为把外国人驱逐出境愿付的代价，更明显地表现出中国人在整个围城期间的刻骨仇恨了。翰林院是独一无二的，它在整个东半球绝无仅有。可在风朝着公使馆方向吹的那一天，中国人没有搬出图书和珍贵的印刷雕版就放火烧了整个翰林院。只是，这一牺牲并未让他们如愿以

① 即西什库天主堂。

偿。非常幸运,翰林院着火后不久风向就变了,朝另一个方向吹去,再加上驻军的努力,使得火势未向公使馆蔓延。

翰林院附近是銮驾库。穿过公使馆墙上一处裂洞,眼前便呈现出一副美妙的画面,仿佛璀璨的夕阳落入大地。长长的黄琉璃瓦屋顶覆盖着横亘草坪之上的红砖墙,屋顶呈一条条宽大的金色光带发出耀眼的光芒。猩红与黄色相间的御辇杂乱地停在茂密的草丛中。蓝紫黄粉各色华盖扔在地上,大量马具和华丽马饰堆积如山,间中杂有旗子、毯子、丝织品、铜铃和鼓,而精巧美妙的奇特镀金饰物散落四处,高高的草丛之上五彩斑斓。

裹着包头巾的深肤色印度锡克兵在銮驾库内扎了营,并搬出车架棚里的东西堆在草地上。背后,一股不祥的烟雾从紫禁城内升起。

征服者们完全沉迷于抢掠之中。低沉的隆隆炮声不时从北面传来,还有远处嗒嗒的步枪声。

观看被搬出来的各种东西十分有趣——成堆的轿夫服十分破旧,显然是被随随便便扔在那里的,旁边是长长的一排排橱柜和绣着五爪龙的锦旗,轿夫们并没有费事把衣服挂在橱柜里;凤翎图案的华丽刺绣;以精巧工艺用金线织物做成的战袍,堆到有来回走动的印度锡克兵及膝的高度。我正观看的时候下起了雨,士兵们受令收起那些最值得留着将来瓜分的东西。这时,凌乱的大批织物被踩到湿湿的地面上和滴水的草地里。

当然,那里也有很多华而不实的拙劣品,但是这座紫禁城的附属之地有种令人难忘的华丽,不禁让人对紫禁城院内的圣殿和房室里又是怎样一番气派浮想联翩。

虽然公使馆之围被解,可事实上救援部队并没带来任何食物,联军部队携带的食物刚够维持行军旅程。最初的几天,要得到足够救援者和被救者吃的东西极为困难。此时中国军队已弃城而逃,找不到一个胆敢重新开张的商人。那里找不到肉——至少没有牛肉和羊肉。第一天,我在布雷热(Mr. Brazier)先生家享用了一顿丰盛的午餐,我们吃了炸骡肉饼——这东西极为美味,实际上比我们一路上分得的牛肉口粮好吃多了——并佐以几瓶陈年佳酿。为了庆祝救援到来的这一天,布雷热先生在围城期间小心翼翼地保存着这些酒。

那一天围城内的居民兴高采烈。但是,大部分英勇守卫防御工事的年轻人虚弱憔悴,让人震惊。不过,最可怜的是公使馆里的许多孩子。

围城期间有几个小孩死了,剩下的大部分都苍白虚弱,骨瘦如柴,能看出他们多么缺乏营养。

我在学生译员住处的二楼得了一个房间。半中央的窗户被沙袋堵了起来。这间房子窗上的沙袋是用窗帘、桌布和毯子做成的。麦克唐纳夫人甚至为此贡献了自己餐厅的窗帘。那儿有数千个用各种材料做成的沙袋,袋上的弹孔非常有力地说明了进攻的凶猛和防守的坚决。对窗的那堵墙上,我数出24处弹痕和一个炮弹留下的板球大小的洞,列成一条与袋子高度齐平的线。这个房间可以作为整栋楼的典型。

很幸运,公使馆附近没有任何高地,因此,当他们占领了靠近中国部队的一段城墙时,公使馆的大院得以免受居高临下的火力袭击。但是,很奇怪,尽管联军队伍在火力间隔时到处搜寻狙击兵,整个下午,周围废墟中还是在断断续续发出呼啸的子弹。这种极度混乱延续了一整天。一些传教士来跟盖斯利将军抱怨,说他们那些英勇协助防守的信徒现在正遭受联军士兵的抢劫和虐待。当然,联军士兵无法将这些中国人与其他中国人分辨开来,并且一句中文也不懂。每当分辨不出那些当地人是否义和团员时,他们总是假定那些人就是义和团。

用查飞将军[①]的话来说:“保守地说,攻占北京之后,杀害50个无辜的苦力或农夫——其中包括相当多的妇女和孩子,才会死掉一个真正的义和团员。义和团成员广泛地渗透到老百姓中,如此大量屠杀总会有一两个落网。”

解围两天之后,我得到一个跟窦纳乐爵士一起巡视公使馆防线的好机会。公使馆自6月21日起被围,也就是联军炮轰大沽炮台之后的第三天。这次进攻发生在17日,没有正式宣战,了解此举对于中国人的真正影响何在会很有意义。人们将会记得,美国海军少将肯普夫没有参与这次战斗。他向海军少将布鲁斯表示,他没有被授权向一个与自己国家和平相处的国家开战。

6月22日,应俄、法、意公使以及美国和日本的要求,窦纳乐爵士开始担任公使馆驻军总指挥。对驻军来说,能有窦纳乐爵士这样有军事经验的人来担任指挥是很幸运的。在他出任之前的最初几天里,情况十分混乱,考虑到防守部队是由多国

① Adna Romanza Chaffee(1842—1914),侵华美军司令。

人员组成的,这就不足为奇了。但是从他任职的那一刻起,情形大为改观,我听到各个国家的士兵对他指挥防守的能力大加称赞。防御工事和防御线形成一个大致的长方形,其南端是内城城墙,城墙60英尺高,顶部40英尺宽。西北角是肃王府,这里是防守最为薄弱之处,由陆军中佐柴五郎统率的日军把守,另有大概几十个海军和几十个志愿兵协助他们。肃王府介于敌人和英国公使馆的东墙之间。如果此处失守,中国军队就能在40码范围内进攻英国公使馆,如此一来,再加上另一侧的进攻,公使馆恐将不保。绕防御线而行,看到这些防御工事的每一英尺被中方步枪火力打成了怎样的蜂窝,让人极为震惊。窦纳乐爵士的军事经验足以确保他不可能做出夸大的估测,他估计中方在一夜的攻击中就发射了至少20万枚子弹。看过这些弹痕的人没有一个会对他的估算感到吃惊。

我们在公使馆北方看到了两个精心制作的大约20英尺长的方形炮台。炮台做工非常精细,与环绕着一处紫禁城围院的厚重之墙齐平。每个炮台的建设必定是需要50个人至少一个星期的时间完成的,每个炮架用了大约800根木料。一个12英尺宽的斜梯通向炮台,接下来是一个在墙顶下面被类似脚手架支撑着的平台,上面是为步枪射击凿出的枪眼。中国军队使用的大炮是两尊发射9磅重炮弹的克虏伯炮。但是从这个炮台上开火的大炮,射出的是7磅和14磅重的炮弹。从这里到公使馆围墙有200码的距离。这些大炮断断续续地持续轰击了十多天。150发炮弹击中了公使馆和翰林院,然而唯一的伤亡是一个被一枚炮弹击中的中国老妇人。

皇宫中发现了大量现代枪炮，很奇怪中国人并没有使用它们轰击公使馆。法国分遣队发现了一批12尊最新式的克虏伯炮，炮口和炮帽上的皮盖还在，看起来似乎从工厂运来之后还没被取下来过。我向几个中国人询问缘由，总也得不到满意的答复。有个人告诉我，他认为所有懂得使用这些枪炮的人都南下围攻天津去了。围城之后，据说那里发现了一本详细的大炮使用说明书，其中一半由英文译成了中文，但后半部分没有译完。在东北角与英国公使馆相毗连的是翰林院的废墟。一些图书被从大火中救出，带进了英国公使馆。銮驾库和英国公使馆后面只有一条狭窄的小巷将两条战线分开。中国人在銮驾库的一栋建筑里挖了一个地道，不过他们并没有直着挖——那样的话地道可以在两堵分开的墙下通过，而且可以从地下穿过挤满了妇孺的京师大学堂——而是向右转了180度回到銮驾库，在地道起始之地后方终止。

俄国公使馆位于英国公使馆之后，而美国公使馆在俄国公使馆与城墙之间。在内城城墙之上，紧随其后，美军建了一个堡垒，他们称之为迈尔斯堡，与中国军队在同一堵城墙上的防御工事只有几码之遥。此处距正阳门只有600码。中国军队在正阳门占据着制高点，从那里可以架起大炮俯瞰所有公使馆。

看中国军队如何在一种坑道或石墙的掩护下沿城墙前进感觉十分奇怪。他们还建造了一座塔楼，从那里他们可以在仅仅25英尺开外的距离向我们的防御工事开火。

在窦纳乐爵士周围，没有人比柴五郎更出色地防卫着公使团了。在这个拥有众多勇士的地方，我听到来自各方面、来自所有国家男男女女对于柴五郎的赞美，这的确是种荣誉；他和他的小伙子们的足智多谋、不知疲倦的能量和快乐感染了每个接近他们的人。

"当你遇见了柴五郎之后，这一天都会因此快乐起来。"一位女士跟我说。他所在的位置——肃王府——越过运河，与英国公使馆的正门相对，没有其他地方比这里受到的攻击更为持久激烈。

与他并肩抵抗的是 23 名水兵和 18 名志愿兵——日本绅士们——当他们被援救时，只有 11 名水兵和 14 名志愿兵还活着。

有许多关于他们的传奇事迹。一天，在遭遇一场持续了几个小时的猛烈攻击时，他们岌岌可危。英国公使馆派了一名传令兵去打探他们是否需要援助。"谢谢你，"柴五郎回答说。"需要增援时，我会派人去请的。"

解围之后，他掌管着城内的日本警卫分队，从早上八点到晚上八点都忙着骑马到处巡视，仿佛是个带兵新手，而且过去两个月里什么也没做似的。

他曾邀我去他的住处探访，我好不容易才在那里见到他。他和另外几个军官刚刚吃完早饭，正围坐在一张低矮的中式餐桌旁，享受出发前的饭后烟。早饭已经撤掉了，只剩下一盒土耳其糖果。

柴五郎起身欢迎我。我发现他看起来瘦多了也憔悴多了。从他身上的汗衫看得出他的确在拼命地工作；但是他并没有丢掉机敏的风格和灿烂的微笑,短小的手上指甲被精心修剪过,握起来依然强劲有力。

他们占据的房间是肃王府的一部分,四周的院落中有凉亭和此时被大量的白鸭占据着的人工湖,还有景观园艺师的作品痕迹。看得出围城之前这里该有多美。

“这是我最险的一次死里逃生。”柴五郎穿起他的蓝色金边上衣时,指着衣服侧边的两个弹孔对我说。弹孔在右臀部位,子弹穿过衣服却并未伤及他的身体,令人惊奇。“施特劳斯和莫里循[①]博士那一刻也被击中了,当时我们正在一起散步。”

沿着防御线走动,到处都有迹象显示敌人已经充分意识到这块地方的重要性,它是整个阵地的要害。如果日军将此地失陷,敌人将会沿城墙形成一条长线炮轰英国公使馆,中间仅有一条运河的宽度。

柴五郎对于莱迪史密斯之围的细节十分好奇,但是两者之间没有任何共同之处。这里围攻者和被围者之间只有几码之隔。在某个地方,他们处于同一堵墙的两侧,敌人常常从墙上投石头、木块,并泼油下来。

他告诉我,有一天他们听到中国军队在墙上挖枪眼。这时候,几个日本兵手持上了膛的步枪等在那里。等到石灰向内塌陷时,他们猛然将步枪推进去,从洞孔群射,杀了几个中国兵。

---

① George Ernest Morrison (1862—1920),澳大利亚人。英国爱丁堡大学毕业,曾任《泰晤士报》驻华首席记者(1897—1912),中华民国总统政治顾问(1912—1920),居住北京达20余年(1897—1920),对当时的中国政治和经济有着重要影响。北京著名的王府井大街,旧时就曾叫过莫里循大街。

但是，他们后来放弃了这堵墙退守到柴五郎做好备战的另外一堵墙边。

事实上他未雨绸缪地准备好了一系列的阵线，因此当英勇顽强如他手下者也无法继续完成不可能完成之任务时，他能够从一条战线退守到另一个，而敌人发现自己得在几码开外重新部署一切。

由于他的极度谦逊，要采访他和他手下的事迹，柴五郎并不是一个理想的采访对象。

从其他国家的人口中更容易获知有关日军的事迹。除了奥地利，柴五郎对英国、美国和其他国家不吝美言，他认为奥地利应该能够保卫自己的公使馆。

第七章

解救北堂

直到公使馆解围两天之后，才有一支远征队被派去救援北堂。北堂大教堂距公使馆仅有一英里之遥。援救传教团自然该是法军的首要任务，因为传教团里几乎全是他们的同胞。终于，他们开始向北堂方向行动了，然而又派人回来请救兵。后来日军增援了他们。

我们到达时，驻军仍在遭受猛烈攻击。法军经过煤山，穿越横贯湖面的美丽石桥，那时湖中满是盛开的莲花。一扇大门将北堂地区与皇太后行宫[①]隔开，经过大门时，法军遭遇了大批包围传教团的义和拳。他们将其中大部分围困在墙边，并用一挺法国机枪向其扫射，义和拳遭遇屠杀，尸身成堆。战斗在这片地区的街道持续着。一个星期之后，数百具未埋的尸体横陈，这种情形没有导致疾病蔓延，真是让人吃惊。

日军第一个到达防御工事线。当驻军看到这些有着黝黑东方面孔的小个子战士时，起初还以为是中国军队为了进教堂而要的新把戏。他们阻挠日军进入，费了很多口舌才让他们明

① 原文如此，应指北海和中南海。

白这不同寻常的情形——这是一批日本异教徒去解救这支基督教驻军啊！由于公众的注意力很自然地集中在公使团身上，关于他们的英勇防守已经被写了很多，但是和北堂驻军的受困相比，公使馆的就是小巫见大巫了。防卫传教团的常规军仅由30名法国兵和12名意大利兵组成，他们是在最后关头从公使馆护卫队中分让出来的。防守北堂方圆5000英尺之地就是这支护卫军的任务。

若非难民中的基督徒钟表匠花时间制造勒贝尔、毛瑟和其他枪弹，早在围城结束之前很久他们的弹药就该用完了。这样，义和拳在城墙上放置假人以吸引火力的目的未能得逞，而北堂城墙内3400个生灵因此可以经受得住现代最激烈的围城大战之一。被围者中很大一部分是男、女孤儿院的孩子。一批志愿兵由所有成年教徒中的父亲组成，他们能扛得起武器。驻军提供将刀子捆在长杆末端的矛给他们；除了这些武器他们还拥有40支海军步枪和七八支普通步枪。但是，这些中国人战斗时的勇敢和坚强又一次证明了，如果受到严格训练和指挥，他们会是多么优秀的士兵。他们无条件服从，能干最艰苦的工作，而且可以靠最差的食物过活。

围城初期，义和拳常常在静谧的夜空中发射火箭来召集队伍。每当这个时候，3000多名防守者就得经历精神和肉体的种种折磨。很多霸州（Patchou）的难民来到这里，并带来消息称，那里的传教团几乎全部被害，被残杀的基督徒尸体堵塞了河流。除了由此引起的恐慌外，防守者们还不得不对付中国地方官员变幻无常的友善。“你们不用害怕，”直隶总督向他们保证,“义和拳不敢进攻北京。”

但是这些狂热分子成队地出现在大教堂附近,或多或少否定了总督后来声明的真实性,声明称他已特别下令保护北京教堂。6月10号,真相大白,中国正规军出现在进攻队伍当中,天津与北京之间及北京与保定府之间的电报线被切断。北堂就这样被与世隔绝了,任由它竭尽全力自我防卫。

义和拳的进攻渐渐变得一天比一天更加坚定。饥饿的魔爪伸向了那支勇敢的防卫队伍。向他们提供粮食的人在义和拳的死亡威胁下,拒绝继续供应。义和拳烧掉了周围的房屋,将易燃罐扔进院子或是扔上屋顶。他们向传教团猛烈开火,有时候光炮兵每天就发射500枚炮弹;或是带着因顽固和仇恨而生的执著炮轰大教堂,然而一切都是徒劳的——北堂坚持了下来,它的防守者几乎全部活着,筋疲力尽但是并没有绝望。

围城的牺牲者里,没有谁比海军少尉保罗·亨利的死亡更让人痛彻心扉了,他是被派去防卫传教团的法国30名海军的指挥官。这个23岁的勇敢男孩无比快乐和默默奉献,为拯救被围者作出了巨大贡献。为了保证被围者的安全,他夜以继日不知疲倦地不停工作,直到7月30号死于枪伤,这使驻军陷入了真挚深切的哀痛之中。“围城其间我们只哭过一次,”樊国梁主教[①]写道,“就是在这一天。”

---

① Bishop Pierre - Marie - Alphonse Favier (1837—1905),法国人。1862年来到中国传教。1897年11月12日任直隶北境代牧区助理主教。1898年2月20日祝圣主教。1899年4月13日,出任直隶北境代牧区宗座代牧。1900年义和团事变时被围于北堂。

此后事态愈发严重，而且，因为饥饿的迫近，靠吃义和团员尸体为生的腐食狗被人们急切地追赶、宰杀、吃掉，树叶和植物根被开始当做美味食物。后来驻军遭受了一种新奇且格外令人恼怒的攻击模式，攻击以射弹的形式将炮弹射进围墙并放火烧了很多地方的房顶。这些炮弹是从中国人自己制造的一门精巧大炮里发射出来的。在一次成功的突围中被围困者从中国人那里缴获了一门野战炮和一些现成武器，后者自然极受珍视。不过，最可怕的攻击形式是中国部队直接置入防守线内的地雷，院内引爆了四枚，还有一枚破坏了大教堂本身的地基，若是救援再被延缓一两天，教堂可能就完了。除此之外，其余的地雷都被受困者巧妙地使用反雷装置消除了。

"北堂里的基督徒们听着，"这块被子弹打成了筛子、被炸药炸成了碎片、饿得半死的区域被用箭射进无数的告示，有一条这么说，"你们已处绝境，以树叶为食，为何还顽固抵抗？我们拥有大炮和炸药，可在片刻之间把你们全都炸碎。你们被洋鬼子蒙蔽啦！回归佛教吧！交出樊国梁等洋人，你们就能得救，我们会向你们供应食物。要是不这么做，你们的女人和孩子将被碎尸万段。"

但是他们仍然坚持着。对于义和拳的反复喊降，北堂城墙内所有教徒没有一个表现出丝毫动摇。最后，在8月15号，义和拳向他们喊道："洋鬼子来了；如果非死不可，我们会死，但你们会先被炸碎。"

那将在无数无法实践的预言中再增加一条。不过，这依然是一次侥幸脱险。驻军的定额口粮在解围当天几乎全部吃完了。之前的一个星期他们被削减到每日每人两盎司米饭，而这样不足的比例也只剩两天的配额了。

求生之战异常激烈，没什么比传教团所在园子的情形更清楚地证实了这一点。地上片草未留。草根被被围院落里最后几只饥饿的动物在自己被宰杀之前拔出来吃掉，树上畜生能够得到的高度，树皮全被剥得一干二净。近处大教堂上的十字架断了，此外它的哥特式建筑还受到子弹和炮弹的损毁。但是，我觉得没什么比那些被啃过的裸露树干更有力地说明了驻军所经受的折磨。

解围之后，一位修女带我参观了传教团。在中国生活了40年的78岁女修道院院长，奄奄一息地躺在那里——她是波尔多附近乔瑞阿斯城堡主人乔瑞阿斯伯爵的女儿，18岁就加入了仁爱修女会。我看到大教堂时，它正被当做医院。外面耀眼的白光让我一时无法在阴暗的教堂里看清任何东西。渐渐地你能看出地上躺了一圈小孩。上面，很多地方的彩色玻璃窗碎了，屋顶被射入的子弹穿透，一束束光线倾斜地注入黑暗之中。高墙之上，有人照亮了一尊基督雕像，弯垂的头颅，被钉子穿过的张开的手掌，在意味深长的静默之中，仿佛指向下面受难的小孩。教堂的整个地面都躺满了孩子，甚至直到避难所熄灭的灯盏那里。仅在一次爆炸中就有80个孩子死亡，更多的受了伤，还有更多因为缺乏食物而生病。给修女们帮忙的其他孩子，在那些俯卧的身体之间无声地走动着。只有一声低低的呻吟，或是忍受不了疼痛的小孩不满的哭泣才会将避难所沉沉的静谧打破。那位修女带我去看一个小孩，她称其为她们重新开始工作的“第一枚果实”。

这个小孩的故事非同寻常。占领了城中那块地区的法国士兵看到一所房子,里面所有人的尸体并排躺在炕上。他们在联军到来时自杀了。士兵们没有时间马上掩埋他们,他们正热心于在附近地区劫掠,因此在尸体上撒了些石灰。两天之后,当他们要把残存尸骨扔进为了掩埋尸体而挖的坑里时,发现最小的受难者还活着,于是将她带到了修女那里,她的头发上还粘着石灰。

在一片废墟当中,这些大多出身高贵的善良女人,为了重新开始她们的工作,为了护理、教育、喂养留下的孩子而奋斗着。但是,与之相反,有人觉察到在她们英勇的牺牲之下有一种常人的沮丧和失望。在这儿,她们的谈话不会涉及回报,只谈她们如何才能使毁掉的传教馆重新用来工作——她们为之离别远在法国的父母的工作。

第八章

一个中国文人对事件的描述

救援之后，我迫不及待地想得到某个参与进攻的人对于围城的描述——如果可能的话。这自然是很难的，因为几乎没有俘虏。不过我很幸运地遇到了一个叫川生(Chuan - Sen)的年轻中国人。他是满族上等人家的人，一个非常聪明有教养的年轻小伙子，精通英语。若要改动他为我写的妙趣横生的记述会是件憾事；从很多方面来讲，这都是我看过的关于围城的最有趣的记录。围城期间，川生住在总理衙门，翻译公使馆的所有通讯。有300名义和拳把总理衙门作为军营，因此他有充分的机会研究他们和他们的迷信教义以及行为。

川生花了一个星期时间写了以下记述。长期以来他被许多英国人看作值得信赖之人：

以地方治安为目的的各地民团操练，很久以前就已传入中国了，但是直到去年才获得许可。在山东曹州府，民众经常聚在一起，结成队伍做坏事，他们被称为“大刀会”。

他们认为自己的身体刀枪不入。随着帮会的逐渐壮大，他们打着民兵操练的幌子，宣称会杀死洋鬼子，且自称义和团，意为正义和谐之师。

他们声称自己操练之时便能使神灵附体，这让愚昧的老百姓对他们的所作所为深信不疑，但是那些明白人始终将其视为迷信。

人们为何如此仇外？事情是这样的，在地方官还未担忧他们的国土之前，中国教徒把传教士当做打官司时的保护伞。因此，当这些人宣称他们旨在屠杀基督徒时，很多人乐意加入他们的团体。

义和拳逐渐传入天津、蓟州、涿州、保定府及其他一些地区。那些隶属于坎（北方）字团的拳民头着红巾、腰系红腰带、腿裹红裹腿；而乾（西北方）字团的拳民则用黄布。他们只有大刀长矛作武器，有些还不那么锋利。

传说他们很容易养活，一品脱大米能喂饱几百号人，而且用一块手巾就能代替舟船漂洋过海。在天津有红灯照的帮会，由年轻女子组成，当她们一手抓手绢一手提红色灯笼时便可腾云驾雾，帮义和拳烧掉传教士的楼舍。

大部分人不信这个，将其视作迷信行为，因为没人见过她们腾云驾雾。直到那时，还没有北京人操练义和拳。之后不久，一个老家在蓟州的商人，从老家回来学会了义和拳。认识他的年轻人，或者更确切地说，男孩儿们，为了好玩求他教习拳法。

在北京周边的涿州、蓟州和其他一些地区，义和拳备好由草棚建起的祭坛，将写有神灵名字的牌位摆放其中。在每个棚子，或者说祭坛里，都有确定的人数，每人手持剑或长矛。在习拳之前，他们先朝东南方向在院里跪下，敬上“票”香(由3页黄纸组成),然后叩头。

做完这些之后,他们再在牌位之前跪拜,而且每个人都会发出一声极大动静的深呼吸,我猜他们是故意的;一两分钟之后,所有人站起来开始打拳。结束演习之前,每个人必得露出脊背让另一个人用马刀刀刃砍上几下。

皇太后知道这会带来危害,便想镇压他们。但是她并不愿杀掉所有义和拳,因为其中也有并不真正想要攻击外国人的好人。他们这样做只是缘于对智慧的渴求。因此皇太后派去两名军机大臣刚毅、赵舒翘劝诫义和拳停止习拳。

这些日子里,皇太后住在御花园,极尽享乐之能事。

从那时起,义和拳越发猖獗。一个朋友告诉我,他看到几个被放进城的义和拳在御河桥附近杀了两个人。有流言说传教士派一些老妇将污血泼上某些屋门,如果义和拳不来清洗,屋中之人就会发疯致死。

在外国,这种迷信力量闻所未闻,因此我想义和拳策划的图谋是让人们知道他们可以消除这场灾难。

在崇文门(俗称哈德门)外,两个女人被当做去往门上泼污血的人当即被杀。据传言,红灯照的女子能用细棉绳拉倒高楼,只扇几下扇子就能让房子着火,还说她们能用一根头发吊起几磅重的石头。

某一天,几个义和拳走在江米巷(亦称交民巷)里,其中一个年轻的被德国卫兵抓了去。接着便有传言说,尽管德国人试图挖出他的双眼,此人武艺之高使他毫发无损。

晚上,我回到寓所后不久,大批人和车马从崇文门内大街朝东跑去;店铺里的所有人紧赶着关门。有人哭喊着:义和拳进了崇文门啦。

片刻之后,高空中升起滚滚浓烟,枪声大作。从声音和烟雾的方向上看,我知道那是在崇文门内胡同入口附近的美国传教会馆,被义和拳烧为平地。

义和拳向北行进的路上,命令所有的店铺烧香。于是,英国医院,现任驻法公使裕庚的房子,从那里起至灯市口入口以南的所有店铺,灯市口美国教堂,八面槽法国教堂,国子监助教的居所,一个接一个地被烧毁。

人们传说,义和拳只消用一包熏香,念几句咒语,让围观的人大喊"烧",然后将熏香抛进教堂,教堂便会即刻着火,但是教堂附近所有的房屋都完好无损。

因此人们相信义和拳真的神灵附体,否则周边的房屋也会着火。

次日上午,火势依然凶猛;烟雾之浓犹如大片乌云。大街上中国教徒四处逃窜,他们因为过分焦急而不知如何避难。

灯市口来了几个义和拳,手持刀剑高喊着"杀,杀"。他们经过时碰到两个怀抱婴孩的女教徒。就在他们要对这两个教徒行凶的时候,我的悲哀让我无法承受眼看着她们死去。于是我们调头折回,朝崇文门走去。我在主街上看到几具尸体,听说是被义和拳杀死的。

过了一阵子,浓烟腾空而起。原来是义和拳在放火烧前门外大栅栏的药铺。开始,义和拳不许周边店铺转移他们的货物,他们说火只会烧到他们想烧的房子,不会危及其余。

但是另外两三家也开始着火了,义和拳在黄纸上写下符咒,声称他们把符咒贴在哪里,哪里的火就会灭掉。

几分钟之后,火势蔓延开来,范围之广使他们终于同意店家用水灭火,但是根本毫无用处。戏院里一个男人试图用污水灭火,这下义和拳有了借口。他们说污水触怒了火神爷,因此大火才会殃及无辜店铺。大火烧毁了两平方里的房屋,包括前门的一扇大门。从那时起就很少有人相信义和拳了。

据传有四五十名义和拳在水富园(Shue - Fu - Yuen)被外国士兵枪杀。这些士兵离开时,有人告诉他们,这些尸体被老义和拳用手摸过之后便可复活。听到这种说法,他们又折返回去,用步枪刺刀毁掉了尸体。

董福祥建议,因为不能让义和拳烧毁外国公使馆,所以应该派兵援助。这个计划正合了端王党的心意,他们认为北京的外国人就是世上所有异族的大多数了。

因此,带着抵抗义和拳的使命,保卫公使馆的中国军队数量增加,但实际上他们是要围困公使馆。

因各国海军将官向中国索逼大沽炮台,总理衙门依圣谕连夜照会各公使馆,限公使24小时内离开公使馆大街,否则便会遭到炮轰,和平就此打破。

义和拳和那些愚昧之人非常高兴。他们说外国人与我们为敌40年，现在是横扫全世界进行复仇的时候了。义和拳将文告贴在当街墙上，称五月变八月、雄鸡报晓之时，公使馆大街就会成为剿灭洋人之地。他们在夜间放火烧了崇文门外的电报所。

一天正午之前，我得知德国公使在去往总理衙门的路上，于东单牌楼大街被士兵袭击中枪身亡。

晚上，据报在大沽，七艘外国战舰意欲进入炮台，被击中后下沉并有六艘被俘获。那些对外国知之甚少的人闻此胜利欢欣鼓舞，并说他们坚信是中国人为之前失败复仇的时候了。

但是我认为这场胜利不可能是真的，因为在中日战争①中我们从来没有赢得过这样的胜利。他们说我们得到了义和拳的协助。我问他们义和拳如何能摧毁战舰？

他们说义和拳只要用手指一下就能烧掉它们。我知道他们很愚昧，但是不敢再说什么，不然他们会去义和拳告发我是叛徒。

最近义和拳获得了随心所欲杀人的权力，因此，在路上看到任何他们厌恶的男人、女人或者孩子，他们会就地杀掉。大火每天都在持续。一些人说公使馆内快断粮和弹药了，他们过几天就会饿死。

虽然进攻被证明是徒劳的，西什库天主教堂还是被攻击了四天了。一些义和拳说教堂已被部分摧毁，但是几乎

---

① 即甲午之战。

没人相信。庆亲王提出这样做有违条约和国际法,攻击外国公使也是无理的;而且,中国这样的弱国根本无法抵抗好几个强大的国家。

端王闻此对庆亲王十分不满,他称眼下这么多人同时站了起来,他们可以杀掉世上所有外国人。

进攻法国公使馆时,董福祥有500名士兵伤亡。义和拳无法烧毁西什库天主教堂,因此不得不动用大炮。

总理衙门害怕义和拳会毁掉他们的官邸,便请求端王派一些义和拳来保卫国库不受士兵抢掠。很快,义和拳就因为那里主厨准备的糟糕饭菜要杀掉他,当然,那是个很狡猾的人。

像义和拳自己说的那样,他们可以通过庙宇和额头上的十字印区分基督徒和佛教徒,但这并非全是真的。这些天来,有传言说现在有些人只要吹口气或者用扇子一扇就能在你额头上弄出一个十字印来。

大部分人都到义和拳的祭坛去接受检查。去了祭坛的人中大约十中有九额头带有十字印。一些人说在中国城里,清除一个十字印要花一两银子。人们觉得这是基督徒的魔力,但是我认为这是义和拳在戏弄他们,因为我从未听说过基督徒拥有魔力。

当街的墙上贴着黄纸,上书七月初七所有的人都应用红布裹头,而且在七月初七、七月十五、九月初一和九月初九这四天不应进熟食,不然二郎神就不会替大家消灾解难,而且大火将也无法阻止外国人。

京城步兵提督发布了一条公告，活捉一个外国男人赏银50两，一个外国女人赏银40两，一个孩子赏银30两。

一天我在衙门里的时候，一个男人忽然跑进来说，正对着总理衙门的澡堂子胡同(Chao – Tang – Tsu – Hu – Tung)里有基督徒。

衙门里的义和拳立刻赶向那个报信人指引的房子。他们赶到时，房子已经着火了。一些黄巾义和拳抓到了房主，把他送到庄王府待审。

现在，不经庄王府的审查任何人都不能被判死刑。

有一天枪炮声持续响了很久。这是对英国公使馆的轰击。

二十一日上午，我走在单牌大街上，瞧见荣禄的一个士兵在跟几个过路人讲话。我无意中听到，上午早些时候几个外国人出了公使馆(他们也分不出是哪个公使馆)，祈求军队指挥官饶恕他们，他们将不再抵抗，还许诺也将停止天津的战事。下午，一个外国人跑出来，被几个士兵捉住，他说他想见马将军。理由是他们缺少粮食和弹药。

皇太后颁了一道御诏，诏书中写道她对德国公使和日本使臣的死亡[1]表示歉意，并命直隶总督和京城长官逮捕匪徒，保护公使馆，送传教士和商人回国。听到这一消息，义和拳说外国人很快就会被杀光的，她太傻了。

皇太后命总理衙门给外国使臣送去一些给养。义和

① 应是指德国公使克林德和日本驻华使馆书记杉山彬。

拳对此十分气愤，并说这是衙门私下里干的，并非皇太后的旨意。

二十九日，某部前副将长麟（CHANG - LIN），带约两千义和拳到秦家屯进攻教徒。教徒有壕沟和大炮防御他们的地盘，义和拳还没接近就受了伤，进攻因此失败。

有两个或者更多京师大学堂的学生因为拥有外文书而被义和拳杀害。

七月初一，一封来自芝罘美国领事的电报称，大沽集结了各个国家的大批军队；美国人除了少量财产损失外，没有人员受伤；电报还请康格[①]先生递交关于围城真实状况的亲笔信。

初二，总理衙门给公使馆送去了大批蔬菜和大约1000斤面粉。义和拳对此极为愤怒。

初四，芝罘的美国领事又发来一封电报，称所有国家的海军将领都急欲了解围城的状况。

初六，据报英国许诺，七国不会对中国造成任何麻烦。德国对其公使的死亡极为愤慨；俄国对于中国的领土虎视眈眈，法国是俄国的盟友，而日本密切关注俄国的行动。

初十，有消息称黑龙江将军寿山击退了几千敌兵，但是俄国人占领了满洲里大部分领地。

十一日午夜，总理衙门想让我去一趟庄亲王府，于是

① 爱德温·赫德·康格（Edwin Hurd Conger，1843—1907），时任美国驻华公使。

我穿起官服;我顾虑重重,怕他会杀了我;但我别无选择。

十二日当我来到庄亲王府时,发现我的几个朋友已经在那里了,而且我得知一个外国人信赖的中国人,把几封外国人交给他送往天津的书信交给了庄亲王。

庄亲王和兰郡王对我们很友好,因为现在他们知道通晓外文的人对他们也是有用的。

他们要我们翻译那些将要呈给皇太后审阅的书信。既然那些信是发自公使馆的,我想就没必要在此复述了。

有人告诉我,李秉衡指挥的一万士兵在遭遇外国军队之前就溃散了,李羞愧万分愤而自尽。有些从通州逃来的人说外国兵并不多,可是中国兵根本不予抵抗。

二十日,听到整个城里持续不停的枪炮声,大家知道外国军队来了,他们为此惊恐万分。如今他们也藏了起来躲避流弹。

皇太后逃跑了,庆亲王知道京城不保,向士兵散发休战旗,令他们插上城墙。

这就是围城期间我听到的所有消息。外国人知之甚详之事我想就不必在此详述了。

第九章

一个海关官员对事件的描述

大家对公使馆之围已耳熟能详，因此没人会对老调重弹感兴趣。但是效力皇家海关的德寇西(De Courcy)向我所做的关于围困最初和最后几天的描述，恐怕并非无人愿听。他可算做围困的牺牲品，因为正是他的奋力苦战——窦纳乐爵士在他的快讯里对此进行了赞赏——致使他在几个星期之后病死天津：

在任何重大事件中，让哪怕只是稍稍品尝过其中跌宕起伏经历的人最为刻骨铭心的，是它的开局和结尾；而由于我们这次围困不同寻常的结局，它的最初和最后几天是空前绝后的。围困正式开始于二十日，但十三日我们就头一次领教了即将来临的灾难。

义和拳已经涌入京城数天，但是在星期三，也就是十三日，他们在公使馆大街首次亮相。上午，外国人走进总会，震惊地看见一个腰系红带、手持大刀、浑身义和拳打扮的男人驱车出现在大街上，对自己的义和拳标识毫不隐讳。另一个同样装束的恶棍坐在车辕上，车内是一个五花大绑的女孩儿，大约是个教徒。

一个车夫引着骡子。大家都被惊呆了，以至无人阻止他们。大车咯咯吱吱前行,直到行至德国公使馆,冯·克林德男爵[1]站在那里。

这个脾气火爆的日耳曼人无法忍受如此无耻的行径,一下跳到街上,用他的手杖击倒了最前面的义和拳。三个海军出来帮他,片刻之后那义和拳就成了德国公使馆的囚犯。

另外一个暴徒跳出大车,在海军的追赶下,飞奔逃命。恐惧借给了他翅膀,他甩掉追赶者,跑到肃王府,或者说是肃王宫殿。与此同时,大车、车夫连同那女孩儿就像他们出现时一样,神秘地消失了,虽然哭喊声立刻响起,可他们如同被地球吞噬了一般突然不见了。

一个小时之后,人们得知那囚犯会在几天之后被枪毙。两个小时之后,使馆区所有墙上神奇地贴满了告示,警告我们杀一个义和拳就会有一百个外国鬼子为之偿命。尽管对他们能如此轻易地在我们毫不知情的状况下把告示贴出来感到气愤,我们还是对那些告示大加嘲笑。

五点钟的时候,我们都在总会探听最新流言。灾难开始之前,没人知道在北京的这些外国人想象力有多么发达,但是我们的确催生出一些人,他们生动合理的大话可

① Klemens Freiherr von Ketteler(1853—1900),德国波茨坦人。18岁起在北京当实习翻译,曾任德国驻中国广州、北京等地领事馆领事,1899年出任驻华公使。

以与孟豪森男爵[①]和加哈甘少校[②]相媲美。大家站成一圈，听着最新的谣言，嘲笑义和拳胆敢在京城攻击我们的拙劣想法，这时总会的小工冲进来告诉我们，崇文门大街的卫理公会教堂着火了。当时他的黄色面孔都被吓绿了。

总会很快就空了。那些最肆无忌惮嘲笑北京受困可能的人从口袋里掏出他们秘藏了好几天的左轮手枪，朝家奔去。崇文门方向浓烟翻滚，我们最害怕的事情发生了。"杀，杀"的怒吼声传入我们耳中。那是一种恐怖的声音。

火立刻烧了起来。意大利人冲向崇文门，朝大叫的人群近距离开枪。他们的机关枪扫过街道，而高声叫喊咒骂着的大批义和拳和地痞流氓涌进崇文门烧杀抢掠。

其间，其余的公使馆防卫队也没闲着。俄国人和美国人控制了公使馆大街的西端，意大利人控制东端至崇文门。德国人占据了御河的南桥，而英国人占据着北桥；法国人把持着海关大街南端，罗伯特·赫德[③]阁下给位于中心位置的海关志愿兵配备了温切斯特连发步枪，从大庙中指挥撤退，奥地利人掌握了北端。

精力充沛的小个子日本人，用他们令人愉悦的"日本"口令，维持着美国人、海关大街阵地和英国人之间的联络。

---

① 德国民间故事《吹牛大王历险记》(The Adventures Of Baron Munchausen)中的主角。

② 萨克雷小说《加哈甘少校历险记》中的主角。

③ Robert Hart，(1835—1911)，英国人，字鹭宾。曾担任晚清海关总税务司整整半个世纪(1861 —1911)。著有《中国论集》等。

每一分钟都像一个小时一样漫长。先是崇文门大街中心的大片火光宣告了伦敦会着火，然后星星点点的火焰把整个城市都点燃了；灯市口公理会、东堂、长老会、南堂……不久我们就懒得数了。

每栋独立的外国房屋都成了大片火海，但是站在罗伯特·赫德阁下花园墙头上焦虑的海关志愿兵，还没看到他们在1.75英里之外科龙(kon－lon)胡同的老区升起火光。我们还认为大清政府会保护他们自己的财产的，但是最后，又一片光芒点亮了天空，于是大家都知道朝廷连自己的人也顾不上了。

最后法国人和奥地利人得到了机会。带着他们漂亮的机关枪，奥地利人列队长安街(它的中文名字寓意永恒的平安)，控制了关税街的延伸部分，或者——按人们的戏称——鲍勃的小道。一小支法国分遣队被派去协助他们。

开头的10分钟，几轮齐射驱散了试图对皇家钱庄纵火的义和拳，此后，一切都静了下来(这些义和拳的爱国热情如此强烈，以致他们不分青红皂白地摧毁了朝廷的铁路和钱庄)，但在十点半左右我们看到火光在靠近。

火光数目增加了。很快奥地利人就确信，数千乌合之众正举着火把向我们靠近，会用火把烧掉奥地利公使馆和海关。等到火光靠近至100码时，枪炮声大作，奥地利人发出一轮接一轮的齐射，那阵枪林弹雨似乎可以摧毁一切。

几分钟之后，我听到一个海关志愿兵对另外一个不那么走运、被安插到日本人阵地附近孤零零的同伴讲起故事来。

“他们悄无声息地出现，”他说，“大概离街道中心不到十米，沿街随处可见。奥地利人待他们靠近之后放枪。老天！要是你看见那场面！第一轮齐射歼灭了火把队列的中心，第四轮之后就只剩下几处火光了。但是我想不通的是，一点声响一声呻吟都听不见。”

不叫的狗最会咬人，因此我们都坚信那晚会有更多事情发生。大约10分钟之后，我们看见大团火焰从街道中央升起，奥地利人忍无可忍。于是，半数奥地利士兵和几个不当值的海关志愿兵，沿街向前冲了两三百码，踢开每一扇门，并朝每栋房子里放上一枪。

“我无法理解的是，”当他们返回时，我听见奥地利指挥官说，“我们的人只找到了几具尸体；他们一定是神速运走了同伙。”

清晨天亮的时候，我们走上大街。400码开外，在曾看到大火的街中央，我们发现了一具老妇的残尸，她是被线香烧死的，但是被我们的子弹打成了筛子。

我们被围的第二晚，激动人心的结局无与伦比。一名只带了一杆猎枪的外国人，晚上去了崇文门，拿枪顶着守门人的脑袋让他锁住大门交出钥匙。与此同时，听到义和拳在墙外演练传闻的冯·克林德男爵，召集了8名海军士兵，发现传言属实后，向义和拳发起了两轮齐射，对方12死8伤。

一小时之后，我们听见能想象得到的最可怕的声音。“杀，杀”声震天，仿佛整座城市的人都在猛击城门，渴望着我们的鲜血。那是疯狂野兽的怒吼，无法用文字形容；我们血管里的血完全凝结了。

那不是对他们能怎么样的恐惧——他们大部分，实际上几乎所有人都只配有刀剑；但那是我们第一次窥视中国人的内心深处，在那里，我们看到了他们对外国人狂兽般不共戴天、无穷无尽的仇恨——那是我们之前几乎从未想到的。

我们经历了连续两个月（如果算上这个星期的话就更多）的枪林弹雨，但是没有什么可以如此深深地触动我们。它震动我们的每一根神经，我们被其中的恐怖彻底震撼了。

其间我们听到中国军号在远处响起，那嘶哑的声音听起来就像“屠——杀！”，忽然又听到城门外在我们看来像是连发的快枪；接着，就在城门外，大火烧了起来，我们知道大火之中蕴含了巨大的激情，火势随即蔓延开来，整个中国城（外国人住在被叫做“满洲城”的地方——现在看来是那么不合时宜）似乎都着火了。

这是壮丽但可怕的一幕。看起来没有什么能够灭掉这场大火。一阵强风吹过，沿着大火的路线看去，如同我们猜测的那样，一条又一条街道被火魔吞噬了。

墙外那些邪恶卑劣的黄种人狂兽般的怒吼显示出的切齿仇恨，已经让我们心惊胆战了，而在大火面前，我们无能为力。没错，义和拳没有步枪，但是他们有世上最可怕的武器——火；人力如何与火力抗衡呢？

从此，我们的听觉似乎极度灵敏，所有人都清晰地听到了远处沉重的炮声。这只是中国军队在开火，就像他们总在夜间时不时地所做的那样，但是在我们激动的耳朵听来，这就像是报告西摩儿将军从远处赶来援救我们的炮声。

两个月来，我们每晚都听到同样的声音，但是当我们听到城门外俄国人的炮声时，第一个星期里我们每晚都对这声音欢呼，就像8月13日之前每个晚上那样兴奋。

和其他围困一样，这场围困持续了很久。我们很快就适应了突发的火警和所谓的“攻击”。一个星期之后我们甚至收到了马肉、糙米和黑面包。

我们知道走在哪里安全哪里不安全。我们这场围困只有一个细节与其他围困不同。在其他任何现代的围困中，失败只是意味着蒙羞，对我们来说，那将意味着蒙羞还有死亡！

我们的最后两晚是围城迄今最糟糕的。毫无疑问，中国人在两个晚上都企图进行总攻，但是胆怯使他们以失败告终。那些“兵勇”只待在射孔后面，在那里持续不停地开火。

他们毛瑟枪的爆破声里有一种恶毒。刺耳的轰然爆破声似乎与开火士兵的仇恨相得益彰。但也许这是幻觉。每个晚上，他们的军官都会尽一切努力敦促士兵发起总攻。海关志愿兵的防御工事和蒙古市场的英国海军距中国人只有10—15码之遥,所以能够清楚地听到每句话。

“我们人多,他们人少——上啊!”军官吼道。

“不行,不行”,兵勇答道。于是大家一致同意,由军官指派义和拳出来带头。“你们说自己刀枪不入,你们先上。”两个高大的义和拳冲了出来,不过立刻被最前面的两个海军志愿兵击中,于是其余人便停止了冲锋。

12日和13日在肃王府重演了同样的事情。意大利阵地距敌人只有20码,日本人也差不多的距离,而被海关志愿兵占据的最前哨距中国人的防御工事只有10到12码远。

倒数第二晚,中国人将所有的进攻集中在府中的意大利阵地和英国公使馆中的蒙古市场。

意大利人在府里无意中发现了一条巧妙的便宜之计。他们找到大量的空油罐,当中方攻击最凶猛时,他们指派教徒小工用棍子敲打罐子。响声震天,而意大利人的叫喊声最为有趣。

在小工们对敲打罐子感到厌烦、意大利人和日本人再一次用完了他们有限的中文词汇的时候,中方火力停了下来,大概20到25分钟都没有继续。

蒙古市场里,五个孤独的海关志愿兵并肩站着,他们的射孔靠近中方阵地;一些英国海军被分配到右边更远的地方。中国人说起冲锋的时候,和意大利人之间发生了有趣的互动。中国人被邀请“过来看看我们的地盘”,当他们拒绝时，意大利人便劝他们说“回家看孩子去吧”。

尽管我们的人只是跟在府里和蒙古市场的敌人开玩笑，但这玩笑是却是用了心的。如果府中的意大利阵地被占领，日本人就得被迫弃府；而如果蒙古市场被攻下，那么英俄公使馆间所有的通讯都将被切断。必须得在敌人面前做出一副胆大包天的样子，因为他们似乎一直怕万一开攻，我们会有什么陷阱等着他们。

13日，星期一早上7点钟，狂风暴雨骤然而至。电闪雷鸣，大雨倾盆。紧接着隆隆的暴风雨声，我们听到了熟悉的“杀，杀”声，知道我们的最后一战就要来临了。

我们冲向府内的壕沟，但是雨水已经半沟深了。在我们冲向壕沟的路上，子弹像冰雹一样打向周围的房屋和树木。这一晚，中国人改变了战略。尽管继续对意大利人发动更强的火力，他们将整个进攻主力对准了海关防御工事。

当时海关占据的阵地是距中方几码之遥的最前哨，而且远离其他防守。我们很多人多次抗议说那块阵地对我们毫无益处，但是一向头脑清醒的柴五郎说必须不惜一切代价守住那里。我们——五个泥浆及膝浑身颤抖的人——挤进壕沟，等待进展。

对方阵地有至少五六百人，而恰是他们对我们人数的毫不知情救了我们。我们的壕沟之上有一堵冲东北方向的墙。那个晚上，光是步枪火力就几乎摧毁了这堵墙。有一阵子，尽管只有5码远，步枪火力的硝烟让我甚至都无法看到它。

从7点半到两点多,我们一直湿淋淋惨兮兮地留在那里。大概8点半我们听到了新的声音,离我们只有50码的地方,一架机关枪嘭嘭作响。这是一个新情况——我们以前从不知道中国人有机关枪!我们听了15分钟,忽然,"杀,杀"的怒吼声从意大利阵地传来。

机关枪似乎比任何时候都要猛烈,而"杀,杀"声变成狂野的咆哮,淹没了其他声音。接着又是一出让人惊讶的事情。我们正在倾听之时,并不知道那意味着什么,忽然听到我们辨识不出的军号声。"那是意大利的撤退信号",一个人说。我们派他出去打探,可他半个小时都没有回来。

军号声持续的同时,又有哨声从日本人那边传来。这是不是意味着全面撤退?没有命令我们不能离开岗位,而敌人正向我方防御工事发起冰雹般密集的齐射。大雨依然倾盆,闪电飞光,雷鸣之声更甚。

渐渐地,身体上的折磨几乎超出我们的忍受极限。我们设法保持步枪干燥,但根本不可能。最终,我们确信意大利人已经撤退了,他们的阵地变得十分安静。于是,为了让敌人搞不清我方的人数,我们接连朝他们的防御工事发起五轮齐射。然后仿佛有什么值得欢呼的事情似的,我们大声欢呼起来。让我们吃惊的是,射击停了下来。

这时我们的同伴带回了好消息。那军号只是日本人吹来召集进攻的信号,而机关枪是奥地利人特意送去意大利阵地的,因为它在那里最能发挥作用。

交火持续了整整一夜。两点钟的时候我们忽然彼此相望,没有人出声。我们仔细聆听,没错!那是离我们很近的地方沉重的炮声。我们朝着天空高声欢呼。中国人搞不清状况,在几轮齐射之后,停了大约10分钟。

也许他们也在听。四点钟的时候,炮声更近了。当时间慢慢接近正午时,炮声也似乎越来越近了。

我永远也不会忘记印度锡克兵进入公使馆的情形。我们坐在蒙古市场里边聊边听着炮声,忽然有个人冲进来说:"军队进城了!"我们看到的不是外国人,是个讲英文的中国人带来了喜讯。

我们欣喜若狂,跳向空中,彼此相撞以庆,大吼大叫。

另外的人跑到射孔旁,向中国人疯狂开火。

接下来,所有人都想跑上公使馆大街去迎接他们。但是我们的指挥官,冯·斯塔其(Von Strauch),不许我们离开岗位。有个家伙跑掉了,说:"我不当值。"几分钟后又冲回来说:"锡克兵到了公使馆。"

军纪再也无法约束我们。我们欢快地大吼大叫着跑到公使馆草地上,接下来的一幕难以用语言形容。被困的北京彻底沸腾了,那天剩下的时间里,除了到处奔跑,欢迎进来的士兵,问他们一些傻问题之外,什么都做不了了。

第二天上午,我们发现了两枚已经布好、装上了火药和导火索的地雷。如果军队晚来一天或者一夜,天知道会有什么样的结果!

第十章

联军在劫后北京划地而治

9 月 6 日，我绕城转了整整一周，经过了联军中每个国家占据的领区。先是沿观象台城墙而行，那儿奇迹般地躲过了炮轰。天文仪下的实心石台有几处中弹，但是仪器本身只有一些轻微损伤。美丽的青铜雕饰看上去就像一个月前才雕刻的一样清晰，每根枢轴以精确的平衡承载着它的旋转金属。观象台下有一片很大的俄国营地，城中的这整块区域都是俄国人的占领区。

这是一片房屋密集、看上去荒无人烟的区域。没有任何恢复生意的迹象。大部分房门紧闭，各处有些衣不遮体的中国人和光屁股的孩子无所事事地围站着，看上去惶恐而饥饿。一队队干苦力的当地人被雇来在工头的严密监视下拖运粮食、草料和成包的劫掠品。劫掠和肆意破坏的痕迹随处可见，整片区域看起来一切都随着这个北方游牧部落的到来而毁灭瘫痪了。

接着我去了日本人的占领区——那里完全不同。骑马沿崇文门而行，随处都有明显的商业和恢复自信的迹象。这是一条形状奇特的街道，车道的中心高出人行道四到五英尺。大约一半的商铺在营业或半营业，谨小慎微试探着的样子，但是他们店前的大路上，沿途都有各式器皿的少量存货摆放在垫子或纸张上待售。蔬菜店占了大多数，卖洋葱、韭菜、生菜和红薯。有很多水果摊在卖红苹果、瓜和樱桃，廉价路边餐馆的厨师忙着在看起来让人反胃的肉丸或油丸旁摔打面团，而他们的顾客舔着嘴唇站在那里，等着享用。老妇们——东方塞尔曼·格鲁克斯坦[1]——坐在摆着待售烟草的褐色草纸旁。

中国人搭建的脚手架，他们在上面安置了瞄向英国公使馆的大炮

我在路上碰到正在视察日本区域的柴五郎。他说这不如围城有意思。不过，跟他四处走动并观察他行使职责却很有趣。我们来到一个拐角，看见一些日本兵举着手指跟一个菜贩讲价。柴五郎立刻训斥他们，而且看起来骂得很凶。我对此不

① 英国烟草商。

解,因为很明显,日本兵准备要付钱了——钱就在他们手里。不过柴五郎跟我解释说,日本士兵被禁止单独购买任何东西,因为这些节俭的士兵可能把价格压得很低导致商业低迷。他们的所有补给都由军需部购买,价格公道。结果非常明显,在日本占领区的一条街上你能看到的试图重新恢复生意的中国人比在其他所有占领区加起来能看到的都要多。柴五郎的办公室在一栋之前由北京官员占据的房屋里。我们到的时候,一群大约30个中国人在那里等着申诉。当他一一审理时,很明显申诉主要分为两类——第一类是对俄国人暴力抢劫并强奸妇女的申诉;另一类申诉来自房主,他们回来之后发现自己的店铺或房子被陌生人占领了。对柴五郎来说,最难对付的是俄国人。就在一天之前,他不得不派一班带了固定刺刀的士兵把俄国人赶出去。他逮捕了很多人,把他们移交给俄国将军,但是根本不知道他们会不会受到惩罚。

头两个星期也有一些对锡克兵的申诉,但是后来他们成了最守规矩的人。不论何时他们都会遵守发自日本区的命令,但对俄国人来说那就完全是另一回事了。总是不得不用武力驱逐他们。随着人们从俄国占领区的迁移,日本占领区的人口急增。因此俄国人禁止那些迁移的人携带物品离开;但是中国人仍旧向外迁移,宁愿放弃所有财产也不愿忍受在俄国占领地的悲惨生活。

在煤山附近俄国占领地与日本占领地交接的一处地方没有俄国岗哨,大批穷人扛着包裹,顶着桌椅和床板,步履蹒跚地涌入日本占领区。

法国占领区起始于煤山另一侧。他们的区域,一块被恐怖笼罩着的地方,向城西北地区延伸。火势在这块地区尤其凶猛，幸免于难的房屋里看不到人们返回居住的迹象；也没有任何试图恢复生意的征兆，我甚至没听到一个菜贩的叫卖声。

几乎所有看得见的当地人都在干活，在法国士兵的指挥下拉车扛物。穿过那条玉蝀桥①，我遇见了一个军士带着五个苦力搬运一个工艺精湛绝美的巨大景泰蓝花瓶。

在房屋的废墟之中，士兵们正搜寻着抢掠之后的漏网之物。看起来这成了他们的主要任务，把他们的制服搞得又脏又破，荒唐之极。一天，一个军官无意间听到了他的两个孟加拉枪骑兵关于法国人的谈话。其中一个解释说他们是欧洲人，但是另一个答道："是的，但我想也只是最下流的。"

英国和美国比法国和俄国的占领区强些，但比日本占领区差远了。一天，我问我的跟班为何不给我们买些葡萄。他说菜贩已经不再供货了，因为在他们进来的路上，货物会被士兵们抢走。

这座巨大的废墟之城依然被恐惧控制着。空气中一股几乎觉察不出的恐怖的战栗笼罩着这片没有伤犯的战区。数百万北京居民绝大部分还不敢冒险返回。

在一个很聪明的翻译员的帮助下，我尽力从中国人自己的口中收集关于过去两个月事件的信息，但是让那些本该是最有意思的人畅所欲言并不是件容易事儿。不过，谈起他们自己和家人的磨难时，他们的话便多了起来，而且很多人讲的都是些离奇的故事。

几乎每个人都有一些生死未卜的亲人。那些围困之前在公使馆避难的中国人，如今在设法打探他们外面亲人的死活。

① "金鳌玉蝀桥"，即现北海大桥。

北京一条街道上中国人的尸体

我们的一个仆人失散了妻子和两个孩子，但他完全不知道该去哪儿找，于是这就是他的逻辑：与其徒劳地出去找人不如留在原地赚钱，好让他们——如果回来的话——过冬。

一个年轻的中国人（那里的人结婚很早）呜咽着告诉我们，他 16 岁的妻子是被俄国人抢走的五个女孩儿之一。他得到消息说其中一个已经死了，但没人知道是哪一个。

一天一个年轻中国人和我一起吃午饭——在任何一个文明国家他都算得上是个绅士——围困期间他在公使馆内战斗并受了伤，但他并未因此受到保护。自从解围之后他遭到俄国人、法国人，最终是日本人的三次抢劫。日本人从他那儿只找到一块手帕——大概值 30 分。

有个故事传遍了各处，讲的是关于经常发生的侮辱妇女事件。一个法国将军遭到他的联军同事抗议，他答复说："想要限制法国士兵对女人献殷勤是不可能的。"

从天津来的一个男人说，他看见一个中国人被日本人斩首，而这个故事，伴随着地名的变换，传遍了整个战区。这个中国人收了两个俄国士兵两元大洋给他们带路。他把他们带到一栋房子，那儿住着一个女人和她的丈夫及两个孩子。他们强奸了女人，用刺刀挑死了其中一个孩子，而丈夫被打伤身亡；不过那丈夫临死之前说出了带路中国人的名字，那背信弃义的乡巴佬因此被判了死刑。

早在丈夫死去之前，那女人就手抱幸存的孩子跳进运河，双双溺死了。

“文明的”联军部队在行军路上及抵京之时，见识了许多古怪的场景，尤其古怪的是有那么多房屋里的住户，赶在他们抵达之前自杀了。有时候，像在杨村的一栋房子里，可以看见院子中央悬着一排尸体，或是并排躺在炕上服毒自尽。

消息在中国传得很快。在我们到来之前，人们似乎完全清楚大概什么样的命运在等待他们。尽管在我们到达之前几乎所有的人口都撤离了，但还有许多，尤其是裹了小脚无法快走的女人，没能逃掉，除非坐车或是由仆人背着。在穷途末路之时最终自杀的主要就是这些人。

当中国人同意在北京为冯·克林德男爵立一块纪念碑，以铭记对他被害的歉意时，在我看来这也是为联军立一块碑的机会。可以由中国女人喜爱的汉白玉做成——在它半透明的深处仿佛拥有灿烂的东方阳光——碑上可题字曰：谨立此碑以纪念那些为保持贞洁而献出生命的北直隶省的妇女和姑娘们。

任何一个亲眼目睹了这些日子的人都很清楚，是怎样的恐惧把她们逼上此路。据说公使馆内每个男人都为他们的女人保留了一颗子弹，倘若中国人的进攻最终取得胜利，时候到了就用这种方式，把她们从比死亡还可怕的磨难中拯救出来。这些中国人对文明战争的方式一无所知，当他们听到入侵者的枪炮声，夜间看到被燃烧的村庄照亮的道路，显然认为他们的妻子和姐妹，还有他们自己自杀的时辰到了。

有些题材我不能触及，那些也许说明了我们的西方文明只不过是块野蛮的遮羞布而已，想必也无法在英格兰出版。战争的真实内幕从来没有被披露过，这次也不例外。义和拳在公使馆外“杀，杀”的喊声，有德国皇帝“复仇，复仇”的演讲在欧洲与之呼应；而参观德国占领区长官的官邸时，他演讲的效果显而易见。

我进入那个长官的办公室，一个倒霉的中国人双手反绑，被四个配有固定刺刀的士兵押着，跪在长官面前的地板上。那中国人在接受长官的审问。他气喘吁吁，看上去战战兢兢。我们的进入显然不合时宜而且不受欢迎。那长官让我们在外面等候，说也许我们很快就有机会目睹几个中国人的死刑。

那些嫌疑犯等在院子里，试图从士兵那里探听他们会被如何处置。他们的好奇心从一个家伙那里得到了满足。那人从他的皮带上取下一颗子弹放进步枪，然后把枪口顶在一个中国人的胸口上。那囚犯的脸上浮现出一种惨淡的表情——他明白了。

五人之中有一个看起来口渴难耐。他向士兵讨水喝，可他们只是咧嘴大笑。他去求碰巧经过的中国人，可是他们不敢拿水给他。终于，一个人冒险拿了些水来，但被士兵用步枪从后面顶着赶开了。殴打声不时从长官办公室传来，每听一声，那些士兵的脸上都会绽开满足的大笑。不久后门开了，一个可怜的人摇摇晃晃地走了出来。他的左眼上方有条触目惊心的伤口横在前额，血流如注，背上布满了可怕的鞭痕。见那些看守的注意力立马被吸引过去，那口渴的犯人抓住机会，从一个提着水壶经过的小工那儿喝了口水。

老旧的大炮和北京城墙上充门面的大炮

看起来他好像要把壶嘴吞下去，喝得急不可耐。我想他已有很多天没喝过水了。那个被长官鞭打的家伙双腿摇晃几乎站不住；苍蝇停在他前额的伤口上，鲜血流进他的眼睛，而他依然因捆着双手而无法把血擦去。

我们推断这五个人将因抢劫被处以死刑，而其他人不愿透露信息，或者，至少这是那长官的判决。上个星期有 83 个男人被他判了死刑。

德国人用极为残酷的方式防止当地人返回城内的德国占领地。既然夏天过去了，联军就面临如何获取过冬的燃料和食物供给的严峻问题。罗伯特·赫德阁下告诉我，如果给当地人适当的保护，会有大量供给运入。但是日本人是唯一从开始就为商贩提供充分保护的人,而美国和英国渐渐地也以他们为榜样了。

穿过自前门贯穿外城的长长主街,一边是美国人,一边是英国人,我注意到没有一家营业的商铺,只有几个菜贩在试图做生意。大约一打瞎子乞丐向路人行乞。一家关门的铺子贴了一张揭帖:“我们请求所有高尚的外国军队的保护。”

即使在周边的村子里也找不到北京市民。罗伯特·赫德阁下告诉我,他们已经逃到很远的地方去了。他担心明年春天之前那块地区会经受巨大困难。入侵带来的恐惧、饥馑和严冬给成千上万无家可归的穷人带来的磨难,将会甚于暴乱和破坏性大火。而且,这是中国由于干旱造成的第二个荒年。

正常时期单是北京城外一座煤矿,冬天就出1500吨的煤。现在煤的储量几乎为零,而且也没有获取供给的希望。下面几个月的寒冷注定会让我们的印度军队受尽折磨,大家都希望不再有其他人被派来加重形势的严峻了。

胜利者会得到他们应当承担的困难,但是下面六个月里,那些被征服的男人、女人和孩子们是多么不幸!

他们从始至终都未被仁慈地对待过。在文明的战事中,通常被征服方的牧师、僧侣和神圣之地都会受到一些尊重,但是这里什么都没有。马匹被圈养在寺庙里,常常会看到未被偷去的、流传了数千年的国粹艺术品被破坏损毁。我在北京住了整整一个星期的那条街上,每天都会看到装满书籍的大车来来往往。那些书籍被运来维持皇宫墙外院内升起的大火。数千本书都受到了这般待遇,大街上因此到处都是飘荡的书页。如果不把我的中国马驹蒙上眼睛并牵着它,我就无法让它从那里过去,因为它总是被飘荡的纸片惊退。这种文化毁灭日复一日地持续着。当风朝我的房子方向吹来，细细的黑色雪片就会落个不停，屋顶和院落里便会布满了古代思想的遗烬。有数百本书由奇特的文字写成，说明他们属于而且出自于喇嘛僧人；它们大概已经在荒凉的台阶上找到了通往遥远的西藏之路。

那些书是由木板印制的。这些野蛮人在卡克斯顿[①]之前几个世纪就知道木板印刷术了。还有很多是手写稿，那必然意味着很多年的劳动。偶尔也会看到其中一些带有手绘图画的图书。它们都以同样的方式被运往同一个火堆。无从知晓有多少价值连城的书籍就这样从世界上永远消失了。

抢劫归来的锡克兵

来自平原的寒冷凄风，带着临近冬日的战栗，在夜间突袭

① William Caxton（1422—1491），英国第一位印刷商。

荒凉的街道，悲吟着穿过废弃的房屋、嘎吱作响的大门和窗纸飘动的窗户，吹起了那些破碎的书片，跳出奇异的死亡舞步。人们几乎可以想象自己听到了幽灵的哀叹，叹息他们早已逝去的著者——僧人、居士和学者——哀叹他们的毕生心血化为灰烬。

想想所有这些吧，尔等自命不凡的西方伪君子！当你们掏出钱来，将自己的名字写进广而告知的公共图书馆捐献者名单时，如果安息日午餐前你们的大脑能跟你们的背心一样有弹性，当你们戴着闪亮的绸帽去教堂倾听牧师抚慰人心的教义时，想一想吧！试着想象你们自己处于中国人的处境。然后，试着想明白你们的行为能否为你们所信奉的上帝所容：

所以无论何事，你们愿意人怎样待你们，你们也要怎样待人。因为这就是律法和先知的道理。(马太福音，7:12)

回顾你们与这些和平之人相处的历史，你们的侵略，你们与他们的第一场战争，是因他们欲阻止你们向他们贩卖毒品而发动。接下来的战争和抢掠是因为他们热爱自己祖先的宗教胜过你们的。想一想最近的这场战争！想一想在大沽那艘满载苦力的舢板上的大屠杀，你们士兵的行径，对他们女人的强暴，对他们庙宇的亵渎，对他们书籍的焚毁，那个爱扮天使之王的德国皇帝对他们科学仪器的掠夺！花几分钟静静地想想这一切吧，如果上帝还没有剥夺你们的幽默感，你们应该承受得起这自我反思的乐趣。但是我想他早已将此剥夺殆尽。对那些能透过事物的表象看到本质的人来说，对东西方冲突的反思之中有一种巨大的悲哀，夹杂着对未来的恐惧，而且挥之不去。最近这场强盗入侵与之前发生的毫无二致。

毁灭之风——威廉姆·渥特森[①]

我们来自遥远神秘的西北方，
愚昧的蛮夷如今领教了我们的伟大。

① Sir William Watson（1858—1935），英国诗人。以敢于在诗歌里发表政治见解著称于世。在丁尼生去世之后，他成为最有希望当选桂冠诗人者，然而由于反对布尔战争，未获认可。

第十一章

阅兵紫禁城

整体而言,联军穿越紫禁城的庆祝游行既深具历史意义又宏伟壮观。刚过七点,英国分队就在毗邻銮驾库的一处高墙围院出发了。他们由大清门(又称南中门)而入。

没等英军开始行动我就去了紫禁城外院,联军军队将在那里集合进入紫禁城。就舞台效果说,这片壮阔之地的背景与环境之精美无与伦比,一系列的壮观场面将在联军向北门游行的整个过程中连续展现,此处是第一幕。

获准随军进入的非军职人员数量被严格控制。据称其中一位将军最早提出不准任何战地记者随军进入。我作为代表之一拜访了巴罗(Barrow)将军,向他描述了国内公众对这次历史性游行一定会有的兴趣,并表达了我们想要获准随军进入的愿望。他十分理解我们的请求,并且安排英国记者随英国军队游行。一个拒绝在我起草的简短申请书上签字的记者,由于相信了前述传言,虚构一腔委屈,并为此对巴罗将军和盖斯里将军的部下冷嘲热讽,但我怀疑是否有任何一场战争之中的记者曾受到过这样自始至终礼貌周全的待遇。审查员令人厌恶的多余限制也完全不见了,他们无理的限制通常是战地记者极度愤怒的源头。

艳阳高挂在万里无云的空中,照亮了汉白玉高台的雕栏玉砌,使它们看起来像是昨天才修造而成,耀眼闪烁。黄琉璃瓦屋顶和铺着相似瓦片的墙头,仿佛仍蕴含着落日绚烂的光芒般熠熠生辉。这座古老的宫殿有种无法征服的、终极的辉煌,入侵它的圣殿,让人有种几近悲伤之感。不过,这种感受在这些来访者中并不多见。他们怀着参观某处廉价娱乐场,某个被征服的栅栏村庄或是某个蜡像展览时所怀有的那种好奇。

我到的时候日本人已经在那儿了。他们身穿白色军服,看上去干净利落。在场的还有一些俄国人。军队在出发前集合的巨大广场可以轻松容纳 15 倍之多的人。这个广场呈 T 字形,进入宫殿的大门在其垂直线的末端。一座汉白玉桥就在大门之外,三条并行的步道都带有雕刻的栏杆。

在 T 字形垂直线条的另一端是另一扇大门,一座门楼高耸其上,再过去就是城墙门楼。前一天晚上那里着了火,此时仍有浓烟斜斜地升向空中。人行道的夹缝之间长出大片茂密的杂草,浓郁鲜亮的绿色使耀眼的路面变得柔和,而且从不远处看上去像是一片草甸。每个分队都很快抵达了。先是听到远处乐队的奏乐声;接着,很远的地方,伴随着各色彩旗、闪亮的刺刀和行军队伍有节奏的步调,军队从各个大门进入。先发抵达的队伍会向后来的队伍敬礼。

我想向爱尔罕布拉宫[1]的斯莱特阁下的下一出芭蕾舞剧推荐这场穿越紫禁城的庆功游行。他的布景画师调色板上最亮丽的色彩也无法和这些真实的色彩相比。如果需要女士的话，他可以将皇帝的妃嫔展示给人们，而事实上，没有人见过她们。至于喜剧元素，我想他可以参考那些公使。公使们组成一个团队前进，紧随利涅维奇将军[2]及其部下之后。他们身形各异，着装千差万别：一个公使体形像是一套挂在高尔夫球杆上晾干的衣服，大步走在一个上下跳动的圆球小个子身边，让人觉得像是德国腊肠上架了一副夹鼻眼睛；而另外一边是个穿着斜纹软呢的墨菲斯托菲里斯[3]。有几个公使穿着长筒马靴。康格先生戴了一副白手套，有些公使拿着雨伞，有的拎着一只小袋。我原本以为里面装了他的午餐，可是当我后来见他拿着袋子出来的时候，那袋子在我看来变得大得多和重得多了。

一位刚从欧洲来的知名学者，赶上一支游行队伍，加了进去。他问那些人："你们都是新闻记者吗？"

"先生，我们都是公使。"一种气愤难抑的语调答复他。

我快抵达广场的时候，英国分队过来了，由帕坦[4]风笛打头。他们沿着 T 字形的左翼前进，队伍里有印度锡克兵的深黄

---

① 又称"红宫"。位于西班牙格拉纳达市，是现存的古代伊斯兰建筑艺术的典范，欧洲著名旅游胜地。

② Linovitch，俄军中将司令官。

③ Mephostophilis，意为"恨恶光者"。是"地狱七君"之一，引诱人类堕落的恶魔。

④ Pathan，南亚和西亚的跨界民族。

卡其布头巾，孟加拉枪骑兵飘扬的红白旗帜以及海军陆战队在行军中弄脏了的军服。他们呈现了一场精彩漂亮的演出。

英国人之后到达的第二支分队是沿着主道前进的俄国人。他们的队伍人数远远多于其他任何一支军队，无论如何都超出了他们应有的人数。

美军随后到达，看上去是个壮观的方阵。他们的黑色卡奇布军服破旧不堪，其阅兵操练或许不像其他国家一样好看，但是他们的坚韧、决心和勇气是无与伦比的。

接下来是法国军队。他们即时沿路列队，立正站立，向尾随而至、伴随着演奏乐队和飞舞旗帜的德国军队敬礼。这些德国人沿着宽阔的石砌道路前行，进入他们的指定位置，给联军队伍上了一堂完美的阅兵操练课——他们的队列整齐划一，如同被一把无形的标尺规制过一般，他们的步伐像是发自同一个人的沉重脚步。

最后到达的是意大利军队，军旗和军官的胳膊上都系着黑纱以纪念他们被谋杀的君主。片刻等待之后接着到达的是利涅维奇将军。各军队军官混杂在一起用他们听不太懂、说得更糟糕的口语聊着天。不过到处都是礼貌的致意，可以感受到一种普遍的满足感。

利涅维奇将军沿各队列巡骑一周之后，和部下一起来到汉白玉桥。当第十二炮兵连发出二十一响礼炮的时候，他就站在桥上。

此时的场景异常独特。从大门看去，带有平台的大殿巍然高耸，紧挨大殿之前的显著位置是灰白胡子的俄国将军及其身

英军和日军进入紫禁城

着白色军服蓝色长裤的部下。精雕细刻的汉白玉桥在阳光下闪耀,桥面像被日光照耀下的水面一样闪闪发光,直通向莎草般的草地,那里站着数排手持闪亮刺刀的俄国士兵。还有几排戴着黄边帽子的日本士兵打着旭日东升的军旗;几行身着蓝色军装的法国士兵站在三色旗下;红墙构成这一切的背景,墙顶是一排黄琉璃瓦,像铮亮的金子一般闪耀在湛蓝的晴空下。

俄国军乐队开始演奏。当黄铜乐器在大庭内回旋奏响时,利涅维奇将军在一名潇洒副官的陪同下,骑马穿过了紫禁城大门。

以下每一座庭院的地面都要高出之前一处,汉白玉台阶也比前一处的更宽阔更精雕细刻。似乎你在靠近一个永远也抵达不了的顶点。这条有很多入口的大道之辽阔,产生一种极为宏大的意境,将人的想象力激发到几近敬畏的极度期望。

先头列队的脚步重重地践踏在汉白玉路面上,刀鞘叮叮当当敲砸着台阶,乐队宏大的声音震颤着屋顶和墙壁。

我们在紫禁城的中心,我们亵渎的脚步冒犯了圣地的神灵,然而这里有一种巨大的幻灭之感,一种无限骤落的感觉。

我们进入的第一座大殿看上去黑暗阴沉,里面是一张尘封的华丽御座,上面的尘土像我们踩踏的黄色地毯一样厚重。穿过另一座和宫殿外面一样杂草丛生的庭院,我们走进另一座大殿。那儿也有一张御座,比上一张好些,景泰蓝的大花瓶脏得几乎看不出图案,似乎所有东西上都覆盖着尘埃、泥土和腐烂之物。

我们从这里沿一条侧路而行,此路通向一片树木密集之地,树的枝叶紧挨着头顶,下面光线相当模糊。这里有一座人

紫禁城中庭

造山洞，旁边是属于某些宫内官员的几间房屋。

观察俄国人对这一天的活动统筹安排的用心细节，是件有意思的事情，尤其是后半天，从他们那一方看起来像是一台大型招待会，他们在其中扮演主人的角色，并以此身份向其他联军尽地主之谊。

利涅维奇将军到达顶端台阶时接见了每位将军。最引人注目的是他对法国人极为热烈的欢呼。他站在那儿引领大家欢呼，同时将帽子举过头顶挥动致意。

从那些士兵的外表上看，这种热情并没有点燃他们，简单地说，他们完全是在丢他们那些热烈欢呼"军队万岁"的同胞的脸。在长途行军之后，他们又脏又旧的军服情有可原，但是大部分人脸上也是同样肮脏就不可原谅了。有些人把蓝帽檐翻卷到白帽盔上，有些人却没有，这让他们看起来更是混乱不堪，他们的步伐也和他们的服装一样凌乱不齐。

部队过去之后，将军、公使和一些军官信步走向宫殿，打算从容游览一番。我为了拍些居室的照片，走在前面。我走在一片树荫之下，被几个中国人邀请去喝茶，茶具摆在一处平房的走廊上，四周摆了坐垫。除了上好的茶水，他们还有各种果脯和亨特利·帕尔莫饼干①。不久俄国将军和其他人走了过来，很快所有人都加入了一个极为独特的社交联欢，东方遭遇西方，被征服者作为主人，在紫禁城正中心奇树异木的这片怡人树荫下款待征服者。

我们旁边是一处神龛，神龛的石头之间生出可爱的蕨类植物。不像周围其他东西，它们兀自茂盛地生长着。我们头上是一根高高支撑起来的枯朽树干。有些人或许会说，这是中华帝国的不祥之兆，让人想起那句话："何必白占土地呢？"

女士们也来加入了聚会。周围的声音实在是一片混乱。各种语言的混杂，让你经常搞不清楚该用正被说着的七种语言中的哪一种，好让你的邻座把茶壶递过来。

我们从这里漫步穿过几处紧凑的宫殿，但是总体来看明显令人失望。这一切看起来都像是一家人去了海边。帘子放了下来，令大部分房间都很阴暗；所有的东西都蒙了灰尘。

虽然许多东西显然被收了起来，但是有些房内仍有大量美丽而吸引人的装饰物——瓷器、玉刻、书籍和图画。大家渴望得到一些紫禁城之旅的小小纪念品，但是一开始还不好意思拿走任何东西；但是过了一会儿，有些人就克服了他们的羞涩。

我看见一个公使正在皇帝的某个房间里审视一块玉刻匾

① 19世纪英国著名饼干品牌，一种最早工业化生产的饼干。

牌。他把它放回原处走开了。然后,他好像很好奇地想再研究一番,也的确又小心地仔细审视了片刻。不过接着他把手放进了口袋,又似乎突然决定研究天花板的图案了,而且太过专注,以至于忘了把那块玉放回架子上去。当然也有人以更为赤裸的方式抢劫。有一间阴暗的房子,里面原来很多东西都被收在箱子里,如今都敞开着。很多花瓶被拿走了,大多是玉的。

一个法国人用膝盖将一只雕刻的黄金花瓶压瘪,放在他的大衣下面拿走了。两个英国人正要拿走另外一只时,被一个宫里的人看见,到英国军官那里投诉,两人被勒令放手。相对于那些太沉重、也不便装进口袋的东西和那些可能安全地藏在这座神秘宫殿里的巨大财富来讲,所有被拿走的都是不太值钱之物。

在我们穿越紫禁城的游行中没看到几个中国人。第一道大门那里有三四个孤零零的徒手士兵站在我们沿途的各个门口。在他们布满皱纹的黄色面孔上看不到任何表情。出来过一两个紫禁城大臣,后来,游行结束之后又出现几位老年绅士,很多人佩戴着从帽子里伸出来翘在后背上的凤翎。最后一个离开的英国军官——其任务就是确保他的每个同胞都离开了紫禁城——告诉我说,游行结束之后,大量的满族人和各种下人从各自的藏身之处出来。

部队的游行越过庭园,往复于汉白玉阶,穿过光线晦暗的大殿。他们钉了铁掌的靴子对这片紫禁城的践踏意味深长。这队西方士兵仿佛一把尖刀插中了这古老东方文明的心脏,刺探并展露出它腐朽的血管。但这是异常华丽的腐朽和无比高贵的衰亡。工艺精湛的华丽景泰蓝花瓶真人般高地矗立着,破旧不堪的皇旗挂在墙上,旗子下方有金色五爪巨龙翻腾。北京城要花好多年才可能从这场可怕的烧杀抢掠中恢复元气。

第十二章

北京的神秘女子

进驻之后的那些天里发生了很多奇怪的事情。最初的三四天,每个人都在抢劫,或者说几乎每个人。当铺自然是最大的宝藏了,因为从城头到城尾的私人住宅早被洗劫一空。庙宇也未能幸免,不过不久之后就有卫兵被安置在重要的庙宇之外,阻止了抢掠。各部队不得不分住在不同的区域,他们的军官住进了中国富人的房子。不过很难找到适合居住的房子。从乡下来的义和拳在这座城市里大肆抢劫和破坏,同样还是他们,在很多区域放了大火,而现在最终迎来的是联军的入侵。最下层的中国人,还在街上游荡,像是腐食乌鸦一般捡拾抢掠之后剩下的东西。

较为富裕的居民几乎没人还留在家中。有的是留下仆人看管房屋。不过这样的做法冒了相当大的风险,因为他们很可能被任何一个士兵当做义和拳并受到相应的处置。就像查飞将军在他的报告中讲的那样,毫无疑问,许多无辜的当地人仅仅因为被怀疑为义和拳就被联军杀了。

包括战地记者在内,赶上联军的文职人员必须为自己找到住处,而靠近公使馆的任何地方都很难找到哪怕一两间能住的房间。

一个英国记者，在花了几个小时搜寻能落脚的房子之后，突然发现一栋大宅，显然不久之前还是某位中国富绅装修豪华的府邸。宅内有一片带假山的人工花园，内有各色花草，和精美优雅的家具和装饰物被打碎的残片。他从外院进入，穿过一间又一间弃置的房屋，刚好瞥见一个中国老头，关起他身后的门，从那里消失了。那记者猛力砸门。砸了一阵之后，门开了，门缝之间露出一张满是皱纹的苍老黄脸。他在门道里颤抖地喋喋不休说着什么，似乎在强烈地抗议那记者继续进入。这扇门通向一个内院，院子四周是一圈还没像外面那样被严重破坏的房屋。记者从一间屋子走到另一间，可是发现除了一间之外其余全没人住。他在那间屋中看到一个坐在炕上的年轻女子。她在他进屋之时站起身退到墙角。她显然是位满族小姐，像她的很多同族人一样生得极美。她穿着布满刺绣的丝绸衣裤，黑发上佩戴着镶了宝石的梳状头饰和几排特殊式样的珍珠发饰，发髻上戴了一根略似裁纸刀形状的精雕细刻的白玉发簪。她完全被他的进入吓住了。他费了好大力气让那女子相信自己毫无恶意。她的双脚不像汉族女子那样裹起来，但她带着一种魅力非凡的端庄风度和气质，站得笔直。她纤细的双手剧烈地颤抖着。虽然他不懂得她们的语言，她说话的时候伴随着一个明确无误的恳求手势。她的脸上擦了粉，唇上涂了胭脂，可是脂粉无法掩盖她的天生丽质。他试着打手势让她安心，然后费尽心思想让那老头明白，这女子继续带着珍珠头饰是很危险的，对任何在四周晃荡抢劫的士兵来说都是极大的诱惑。

她懂了,或者应该说懂了一部分,还没等那老头动手就从头上拽下那些珍珠扔到他的脚下。他捡起来还给她,接下来,一种惊奇的懵懂点亮了她的脸庞。她显然无法相信一个外国鬼子会有此举动。

真不知道她如何这样被弃留在北京。所有上等人家的人都设法离开了。他试着让那老头明白,她不该继续穿着现在这样的衣服,看来是成功了,因为他第二天再过来时,发现她换了衣服。

外国鬼子每天都会去拜访他们,并带去一些口粮。足足一个星期,她才放下了贵族小姐的矜持,变得异常亲切了,常常为来访者备好了茶水。有一晚,她在他到来之时弹起了琵琶,用高音的假声为他唱曲。不过中国音乐是需要逐渐培养才能被接受的。

每隔一个晚上他都会去拜访这位神秘女子。他们先是打着手势进行谈话,后来她产生了学英语的兴趣。她会指着一些东西,然后跟着他念它们的名字。她学习的速度之快令人惊讶。

这样持续了三个星期。一天晚上他又去了,结果吃惊地发现已是人去楼空。那老头和神秘女子彻底、永远地消失了。

除了还留在宫里的皇帝妃嫔,和那些底层苦力的老婆,她是唯一一个留在北京的上层女子。妃嫔被留了下来,那么皇帝的出逃必是极为仓皇的。虽然人们进入了皇帝和太后在宫中的房间，可还没人有机会见到那些妃嫔。威尔逊将军[1]是率先进入皇帝及太后房间的人之一，他要求一个带他们参观的中国官员同意他看看那些贵妇。但是那老头拒绝了他。威尔逊将军表示他坚持要看；并表示，他，威尔逊将军，随行带着士兵，如果愿意的话可以强行进入，所以他们不能拒绝。可那老头仍然反对；最后他告诉威尔逊将军，如果他允许将军去看那些他被留下来负责照看的女人，皇帝回来后，他就要掉脑袋的。将军看他如此铿锵有力地表明，满足将军好奇心的代价将是他的脑袋，便牺牲了自己的意愿，让那老头放心，他会保住自己的脑袋的。

① James Harrison Wilson，负责北京地区美军行动的指挥官。

第十三章

探访光绪和慈禧的寝宫

俄国的外交举措让人觉得很有意思。尽管俄国部队对待中国人最为残暴,从在一艘驶离大沽的平底帆船上屠杀了300名苦力开始,一路直到占领北京;然而占领之后,俄国人开始扮演中国人最好的朋友了。

要是俄国公使能够让其他人跟着他离开北京,他会这么做的。俄国公使馆的成员好像至少每个星期都会装好他们的行李一次,然后再打开。有一件事情使得俄国人在对付中国人时,比其他国家有优势,那就是中国人对俄国传教士深信不疑。

在我们记者,尤其是住在俄国占领区的记者看来,看家的任务相当不易完成。当你必须时刻提防掠夺成性的西伯利亚游牧部落时,英国所谓的"一个人的家就是他的城堡"的说法就有了新的含义。你人在时,这些巨大笨拙的家伙很容易对付,他们会出奇地顺从。但是你将一直担心某天回家,会发现所有东西已被席卷一空。

自然,我们都领取军队口粮。然而我们发现,很有必要跟管家的伙计每天一早去领口粮,不然很可能就得忍受一些挑战厨师厨艺的肉。

清晨分发口粮时，銮驾内的场景有着十分独特而壮观的色彩。印度人生了火在做他们的早餐。闪亮的黄铜餐具像金子般闪耀；圆蛋糕的白色生面团被揉好了甩进平底锅准备烤，而其他人在各处忙着清晨盥洗，梳理他们乌黑油亮的头发，或是包裹他们的穆斯林头巾。被抢来的丝绸有着人所能想得到的一切五彩缤纷的颜色，其中御黄似乎是现在最受欢迎的，毋庸置疑，因为它是最合时宜的颜色。

后来，中国人来到公使馆附近售卖大量的蔬菜、水果和鸡蛋——有上好的葡萄、梨子和苹果。

挲泼里奥（Sapolio，一个肥皂品牌）带着一串铜钱，当我指着我想要的东西时，他就去买（我叫我的跟班挲泼里奥，是因为他不洗衣服或几乎任何东西）。他买要比我买便宜很多。但是如果不打断他的话，他会花上长得吓人的时间。一天，一个中国人问我要 10 文钱买他两打鸡蛋。我以为我找到了一个机会向挲泼里奥显示，我不需要他帮助也能找到便宜货。那小贩说他的鸡蛋很好，但是我当然听不懂他讲的任何话。

我对鸡蛋了解不多。我的知识仅限于伟大的丹·雷诺关于这个主题的演说；但是尽管他说的“鸡蛋跟鸡蛋是不一样的”让人印象深刻，可他并没告诉你怎么从鸡蛋的外观辨别它的好坏。当别人向你兜售瓷杯或瓷碟时，你该做的就是好像看得懂什么意思似的去看它底部的标记，然后摇摇头。要是买毛皮，你永远要在上面吹一吹。我很清楚自己不懂为什么那么做。这些鸡蛋上既没有标记也没有皮毛，我就那样买了回来。我把鸡蛋交给挲泼里奥并提起价钱，还跟他说：“节约之人都是买鸡蛋的行家。”这话听起来像是孔子的格言，挚泼里奥似乎颇被打动。

几分钟之后我在专心写一封信，挚泼里奥走了进来，手里拿着一个鸡蛋。他用中文说了些什么，摇着头，加了一句“不好”。他脸上有种奇怪的表情。我让他去取篮子，注意到他肩膀的动作，仿佛是在压抑着大笑。我打开一个鸡蛋检查，发现所有的鸡蛋都煮到老得不能再老了。这是个奇怪的国家，充满了矛盾。我开始想，这里是否可能有种会下熟鸡蛋的母鸡？去问丹·雷诺吧！

我们的大部分时间被传递流言所占据，这里是虚假谣言的滋生地。我们听说义和拳在周边各地集合，但很少派部队出去与他们作战。公使馆的下一步行动一直是猜测的主题。

紫禁城阅兵游行那天，皇帝的寝宫还未被进入，我留意着尽早的机会去参观。威尔逊将军向我提供了这个机会，我想他是在他抵达几天之后，最先进去的人之一。他让我许诺不带走任何东西。我向他保证我只要拍照。

皇帝和皇太后的寝宫在紫禁城的西侧。我们走过长满了草的宽阔的汉白玉庭院，然后向左转。跨过横贯皇宫的一条污浊沟渠上的一座汉白玉桥，还能看见几具就浮在绿色水面上的中国士兵的尸体。我们被一个满脸皱纹头戴着凤翎的老头引领着，他的凤翎从帽子后面垂下来。他似乎是被留下来看管皇宫的，是宫里的总管或主侍。几名仆人陪着他，除了我们刚见面时稍纵即逝的仇恨和憎恶之外，那些仆人冷漠的脸上毫无表情，那老头的脸上有种十分让人同情的焦虑表情。

经过了几条通道，那老头打开一扇扇大门，撕开了门上的封条。我们首先进入的是光绪的寝宫。这里和宫中其他地方有种惊人的对比。外面的门厅从各处显示出年久失修，所有东西上面都覆盖着一层裹尸布般的灰尘。但是这里的一切保存完好。安静的院子里，做工精湛的巨大的青铜饰物立在树下。房间的每一侧，前后都镶了厚玻璃窗，青白玉饰排列其上以反射日光，并最出色地彰显了那种石头纯洁美妙的优雅与精致。房间里挤满了大量的西方制造的装饰物，显然是欧洲当权者，也可能是谋取特许权的人，给皇帝的赠礼。与本土的艺术品相比，这些东西看起来全都极其庸俗。

中国皇帝的寝宫

在皇帝和皇太后的房间里都有大量各式各样的钟表，从装饰华丽、钟面闪烁着钻石和宝石的，到可以在任何酒馆里看见的那种最普通的描花钟都有。如果全都上紧发条，它们定是打破绿树成荫的庭院内怡人宁静的唯一之物，因为其他东西都有一种精致的安然与宁静的微妙气质。这些房间里最大的物件之一是一个巨大的天球仪。但是，非常奇怪，那里找不到一个地球仪。是否天堂是天子应该研究的唯一一门学问，而中国对他来说几乎就是整个世界，因此其他地方都可以忽略？

皇帝的龙床非常小而且相当朴素，但是幔帐和帘帏用的是最精致的丝绸。他卧室的地板上有一个机械玩具——一头套在汽车上的银制大象，上头是一只时钟。钟面、挽具和象背上嵌满了钻石。总体看来，皇太后寝宫里的饰物与艺术品似乎比皇帝房间里丰富。两座寝宫几乎毗连。皇帝寝宫的门廊上是"平和宫"[①]的镏金大字。然而，如果墙会说话，它们会讲述怎样离奇的一段关于高墙之内悄然进行的惨斗的故事啊——4万万民众名义上的君主，皇室里的激进分子，在与皇太后所代表的保守主义力量搏斗。

这个脆弱的、面色苍白的年轻人所付出的未竟努力中，依然有些东西令人感伤；想到他因无子嗣继承大位而被夺权，哀伤就更加浓重了。无后是能影响从最上层到最下层的任何中国家庭的最大不幸；最卑微的苦力一生中最大的骄傲，天子却得不到。

宫内的东北角是一片白玉兰花园，一篷茂盛的树叶遮顶，在下面现出一片凉爽、青葱、多荫的微光。这儿有一个汉白玉浴池，一座精致的神龛，还有乡村风味的台阶向上通往一座刚好高过树木的高塔。我们得知这是皇帝最喜欢的去处，他常常在清晨和晚间光顾。这世上没有任何一个君主能从他的宫殿

① 原文是 peace, harmony and repose，据记载，光绪寝宫是养心殿。

在皇帝寝室看到的镶满钻石的大型机械装饰物

里看到比此处更美的景色了——黄金般的琉璃瓦屋顶，或者是精美的深蓝和深绿色的，雕琢的汉白玉露台，庙宇和穹顶。就在宫殿之外，树木繁茂的煤山山坡陡峭地升起，山顶有三座亭台。北京城宅院里的树木枝叶繁茂，尽管不远处隐藏着街道上所有肮脏的东西，从这个角度看，你不觉得是身处城市的中心。城墙及其宏伟的门楼，是这座庞大城市的边界。再过去，透过没有被烟雾遮蔽的透明空气，就是青翠的西山。

从任何高地、或是从看不到陋巷里的肮脏污秽的远处看上去，北京都是一座极美的城市；而皇帝从宫内的高塔，从煤山，从俯瞰荷塘的花园所看到的是北京最美的一面。

第十四章

强盗拍卖赃物

“这里有两匹绸缎,有人出价吗?”

“3 元。”

“4 元。”

“有没有人出更高？四元成交！成交！菲利普上尉四元成交。”

接着,培尔上尉从一堆物品里拿出另外一件,而拍卖人,老迪克·海利(Dick Herring),英国公使馆的总管,又啜了一口兑水威士忌,然后举起一件长度从肩膀到脚踝的狐狸皮滚边蓝色暖绸长袍,外面镶了真丝刺绣。

大家预计冬天马上就要来了,而裁缝又十分抢手。

“这件漂亮的狐狸皮长袍,有人出价吗?”理查德问道。

他的措辞没什么变化——事实上他一开口你就知道他要说什么了。他把那长大衣反过来又正过去,一大绺银狐毛从他手中滑脱到地上。

“两元。”一个印度买家无耻地叫价。在世界任何地方,这衣服都值 100 英镑。

“3 元。”一个海军下士从外圈喊道。

“4 元。”陆军上校坐在内圈的长椅上报道。

“5 元。”这出自一个美国战地记者。从来没人认为新闻记者是有钱人,可这次掠夺物品的拍卖暴露了他们的真相。

“6 元。”达吉恩医生高声从长椅上大喊。他是个懂行的人,于是人们露出微笑。这样,出价达到了 20 元。

“20 成交！成交！请报出名字。哦,达吉恩医生。我不知道是你,不然我会再把价抬高些。”

人群随即大笑起来。达吉恩医生是个不会花高价买东西的人。接着出售的有一块中国砚台,一块肮脏的燕窝。然后是一支满族小姐的发簪,虽然连着有半打物品可能被卖了低于市场一半的价格,这小小玩意儿的出价却高得荒唐。对一个欧洲人来说,它们本身的价值要比一粒背带纽扣(实际上有时候背带纽扣在这种情况下也很珍贵)还低,但它们的新奇怪诞抓住了人心。

星期天之外的每个下午,这些拍卖都会在英国公使馆前的柱廊下进行。窦纳乐爵士经常会在人群里,还有盖斯利将军、巴罗将军和参谋部的军官,以及陆军上校、少校、海军上校、中尉、准尉、无衔军官和士兵、印度锡克教徒、皇家海军、皇家技师、威尔士燧发枪手、日本人、旁遮普人、俾路支人、其他公使馆的人员,中国商人、甚至苦力、少数几个美国军官、士兵和德国人。拍卖免费向所有愿意来的人开放。而俄国人和法国人选择不来。

那是系统化的抢劫。这场远征中国事件是皮萨罗时代①之后最大的抢劫之旅。抢劫的方式多种多样，而其他国家还没有学会英国的方式，不过所有人都认为抢劫正是合乎需要的东西。不得不如此。北京是座人口密集的富足城市，充满了繁忙的集市、豪宅大院、兴旺的钱庄、大货栈和红火的当铺。部队从南门和东门进入时，半数人口自北门和西门仓皇出逃。那些出逃的人带走了所有能带的东西，无法带走的那些，他们就把最值钱的部分埋起来或是试图藏起来。

但是价值几十万英镑的财物被遗弃在那里，而它们的主人不可能来认领。部队进入的时候，英国司令令人尊敬地竭力约束他的士兵。印度部队尤其需要管制。但是无人认领的轻便财物就放在那里，同时法国人、俄国人和德国人也肆无忌惮地进行搜罗，还有中国人自己，一旦他们鼓足勇气入侵空宅。

事情变得很明显，英国部队高尚的节制一点也帮不到那些财物的前主人，而且其中很多人可能是义和拳进攻的参与者，因此他们的财产无论如何是可被没收的。在这种情形下，英国部队获准拿回他们能找到的任何东西。

富人的住宅和兴旺当铺中的丝绸和皮草被洗劫一空，而穷人的小屋却幸免于难。士兵们发现，过分的抢劫是会被送上军事法庭的。苦力们的生活必需品和动产，他们的篮子、破衣烂衫、针线，甚至假花、廉价花瓶这样不值钱的装饰品都未被染

① Francisco Pizarro（1475—1541），西班牙总督。1531年率军大举入侵印加帝国，以残忍和欺骗的手段灭亡印加帝国，确立起西班牙殖民统治。

指。虽然,或许感恩不是中国人最突出的性格特点,我却不由得认为,这一对任何人都无损的举动,却提高了英军的声誉。

还有另一种对待中国人的方式。我在这里不会提及特定的国家。在成千上万的例子中,住宅被破门而入,任何带不走的东西都被肆意砸碎,房主被殴打甚至杀害,女人被羞辱,骡子和驴子被刺刀刺杀,狗被射杀。

英国和美国士兵没有参与这种抢劫。

英军拿走的财物并不归为己有,而是将所有东西收集在一个由士兵把守的货栈中,然后分派给一个战利品基金委员会掌管。他们每天从各种物品中选出一些来进行拍卖。

不过,许多被围困、或者说在这样那样的借口下得以与救援部队随行的非军职人员,也没有错过这种为己谋利的大好机会。

首先是传教士强盗。他们有很多或多或少地依赖他们为生的教徒。他们把这一点当做他们被某些人视为偷窃和贩卖赃物的理由。他们的操作方式是先在富人的住宅上挂起旗子,从而防止士兵进入。然后在大门上贴张告示,上书这是作为某某用途的房产。接下来,可敬的绅士就会进入某个房子,开始售卖其中的物品。东西卖完之后他会挪到另一家,继续如此这般。

这些私掠者中最成功的,可能是那些通过与采矿和机械公司的联系而对北京有所了解、有当地仆人,而最重要的是有地方储存物品的人。

有人看见,一个大胆的工程师每天早晨带着一辆大车和三个仆人,前往一些出名富裕的中国人住宅,那儿可能藏着银锭。他根本不费心去拿珍稀艺术品,而把全部精力集中在找银子上面。

居民从城中逃离时,或者甚至更早当义和拳暴乱开始的时候,价值无数英镑的银两被藏在他们宅院的地下。倘若任何一个房主或是任何一个跟宅子有关联的仆人没逃走,要做的只是让他交代藏银之地。这常常需要相当的压力——"道德劝诫"。

"这个部分,我总是让我的随从替我做,"我们正谈论的这位绅士说。"最好是别太追究查问的方式。我带着大车等在外面,直到他们找到银子。有时候我不得不等上半小时或是一小时,有一次我不得不等两个小时,不过那等的值得。"

一个假冒战争记者从而得以随英军北上的家伙,自作主张从他能染指的每一家收缴罚金。他被盖斯利将军逐出了北京。但是我怎么也弄不明白,为什么允许他带走以不正当手段得来的财物。

有故事传开来,说当地人被绑起拇指吊在自己家中,直到他们说出并交出所有藏起来的贵重物品。但是人们希望这些故事不是真的。有时候不管怎么样,人们都会抱有一线希望。

关于战利品有一些不同寻常的发现,而许多离奇有趣的事情都和搜索战利品有关。

有个志愿兵军官从一个中国人那里买了一套德国黑鹰宝石勋章。除了勋章自身的价值或重要意义之外,上面的钻石就值一大笔钱。德国领事电报了柏林,我相信这套勋章被他们重新买回去,并最终回到了柏林。

珍珠是易拿取的东西。北京的中国人肯定有大量这种贵重珠宝，但士兵们并没找到多少。不过我看到一些带有珍珠的美丽钟表。钟表在士兵中极为常见。

有人看见一个俄国兵经过通州时带了满满一大盒钟表。他把胳膊伸进去简直可以直接到肘部那么深。那些表他要价一元一块。

在煤山脚下的俄国军营里，你会看到士兵在用瓷碗、玉碗喝水。一天，有个路过威尔士占领区的官员，看见一个俄国人正在井边用一只雕刻精美的绿玉高脚杯喝水。“多少钱?”俄国人举起一根手指，意思是一元，相当于两个先令，于是双方皆大欢喜地成交了。

此时古瓷鉴赏家大受欢迎，但是很少有人懂得这门学问。这些瓷器，还有玉石，都像是盲目地乱买的。有人找到很多绿玉扳指，大部分在英国公使馆下午的拍卖中出售。他们通常卖两三元一个。有一天的一场拍卖中，买家里有两个中国人。他们在欧洲人出价之后开始竞拍，震惊全场。他们相互飙价，将价格抬到了 80 元，而且要不是经过简短协商达成一致，看上去他们似乎会把价格抬得更高。

皇帝和皇太后寝宫的物品没有被劫，实际上很少有东西被拿出紫禁城。曾有一次试图对紫禁城的抢劫以可笑的失败收场。

就在紫禁城西墙之内，有一间大仓库。由各公使馆成员组成的一队人马经过紫禁城时，某公使馆的几个人开始砸仓库大门。门上有一把大锁，这让他们花了很长时间。待到雷金纳德

(Reginald Tower)先生和窦纳乐夫人抗议这一行径,才有一些人住手,而那些贼性大发的家伙却继续砸门。最终把门砸开时,他们的收获是大批装满了瓷器的箱子。但是,唉!那些瓷器全都是碎片。这实际上就是宫中碎瓷器的仓库,肯定有几百年历史了。

不过,所有抢劫故事中最有趣的大概要算三个大胆的英国人——普里克蒙特,琼斯和洛根——他们同住在天津的一条街上。有天晚上,就在睡觉之前,琼斯是第一个注意到有些反常的人,并且赶紧通知他的同伴。

“快来看,”他叫道,全然不顾普里克蒙特“来喝一杯夜酒”的友好邀请,“隔壁的中国老和尚在玩什么把戏?”

普里克蒙特和洛根立刻凑到他身边。他们所处的房间位于一栋由欧洲人建造的房屋的第二层,三人从后面往外看。后面是一片废弃的土地,一半花园一半庭院,一道10英尺高的墙将其与相连的宅院隔开。从凌乱房间的右窗户,他们能看到墙那边一定距离的地方。在一弯新月的暗淡光线下,他们看到一个中国人正在花园中央努力地挖坑。墙的阴影遮住了他的部分身体,但是他每次将鹤嘴锄扬过头顶的时候上面都会反射出月光。接着,在他们观察的时候,另外两个中国人担着什么东西从房中出来。从他们细碎蹒跚的步子看,那东西肯定很重。他们把东西带到另一个中国人挖坑的地方。不久他们又担着相似的东西出现了。如此重复了四次,然后那二人带着铁锨加入了挖坑的工作。

普里克蒙特熄了凌乱桌子上的灯,小心翼翼地打开了窗。

中国人静悄悄地继续着他们的工作。过了肯定有将近半小时，他们好像觉得坑够深了，这时才把沉重的包裹放下去，然后铲土盖在上面。能听到土落下去的声音，像是落到一口金属棺材上。

三人从窗边退回来。中国人结束了他们的工作返回屋中。

琼斯把房中的窗户关好，点上灯。洛根跳起了单人舞，不过马上就停了下来；三个人压抑激动望着彼此。琼斯，临事有静气，倒了三杯烈性白兰地加苏打水，并将一瓶德国矿泉水分别加进每杯酒中。

“那是庙里的黄铜。”普里克蒙特一边放下他的空酒杯一边说。

“是银锭。”琼斯跟着说。

“不，”洛根擦着他的胡子说，“是金条，伙计们！此外没什么东西会这么少却这么沉。”

三人坐在扶手椅上，讨论各种可能性。可能是任何东西。凯特昨天不是买到德国皇帝仅仅为了一个中国人唱的曲子就送给中国皇帝的镶有宝石的黑鹰勋章吗？机械师菲普斯不是在一间烧毁的房子炕下找到很多金条吗？除了价值不明的几块貂皮和几个景泰蓝花瓶外，他们还没那么好运。但是现在，显然真正发财的好运气来了。

他们商量着最佳行动计划以及如何进行的细节，直到深夜。三人吸了几斗烟帮助思考。到第三巡夜酒的时候，大家一致同意洛根的说法是对的，一定是金条。

他们各自回房，做着发财的美梦。第二天早晨，隔壁破烂的院子看起来和往常一样。一个和尚吸着他惯常的饭后烟在院中漫步。自从庙宇被烧他们就租了这处宅院。

三人在八点钟晚餐时聚在一起。一切看起来都很有利:下午很冷并有阵雨,而现在到了夜间,乌云密布,持续下着如织细雨。视线所及根本无法超过门外两码远的距离。

他们告诉中国随从不用等着。十点一过,院中一切都明显安静下来,而隔壁也是如此。带着一把鹤嘴锄、一把铁锨和一些绳子,拿了两把用来翻墙的高背椅,他们出发了。洛根被安排在另外两个人干活时监视中国人的屋子。土地吸收了雨水,又软又沉,不过这有利于他们干活。离地面不到两英尺的地方他们敲到了金属物。

清掉泥土,他们发现下面有两口金属箱子,抬出来时看到下面还有两口。由于箱子太沉,洛根也过来帮忙。他们刚刚把箱子放到地上,洛根正要回去把风,就在这时,他看到两码开外一个模糊的身影正朝那个方向滑过去。他跳上前去,抓住了一个中国人松垮的外衣,又转手抓住那人的辫子绕在自己手上,用左轮手枪从一边顶着那人的脑袋。挣扎了几下之后,那家伙就安静下来。显然,他觉得自己最好还是不要出声。

洛根抓着那人把他的脸朝背着两个同伴的方向别过去,告诉同伴们尽快。他们费了好大力气才把箱子搬过去。普里克蒙特用绳子往上吊第一口箱子时,由于湿湿的绳子从他手中滑下去,他从墙上摔下来,差点扭断脖子。然后琼斯弄翻了一把用来攀爬的椅子,箱子压身跌在地上。不过,他们最终把四口箱子都搬了过去。

然后洛根把那中国人带到门口，告诉他回去之后最好不要再出现。虽然还不清楚箱子里到底是什么，但是很明显被放进焊上的箱子里的东西一定非常贵重——他们把箱子搬进大厅里的时候这么想着。三人关上门，然后，满怀期待地将其中一口搬到楼上。灯被点了起来。箱子上沾满了黑色的粘泥巴，三个人的手上、膝盖上和大部分衣服上也一样。他们浑身都湿透了——但是那又何妨！擦掉上面的泥巴，那铁箱看起来和普通煤油罐别无二致，而且还散发着煤油的味道。

洛根准备好了锤子和凿子，刚要把它撬开，却看到了罐上通常所带的开口。他把开口打开，马上出来一股更强烈的煤油味。他把手指伸进去，拿出来的时候沾满了油。“啊，我真倒霉！”——而他似乎也表达了另外两人的想法。

一阵静默之后，琼斯提出这也许是个狡猾的中国诡计——为了藏好金条而将锡罐灌满油。于是他们把煤油倒进一个水盆里，可是除了煤油没有发现任何东西。

抱着一线希望，三人将另外三个锡罐搬了上来，重复了同样的程序，得到的结果也是一样的。

又湿又脏，到处是泥巴，衣服也弄破了，普里克蒙特摔破了头，琼斯露着膝盖骨，房间的地板上和楼梯上沾满了黑泥巴脚印，整个房子里弥漫着煤油味，那情形简直无法用言语来形容。琼斯，就像24小时之前那样，静静地倒了三杯烈性白兰地加苏打水，并把一瓶矿泉水分别加进每杯酒中。他们静静地饮着酒，气得说不出一个字来。

第二天午餐之前，他们的和尚邻居送来一条客气的口信说，依照不能在房中存放煤油的规定，他们将四罐煤油埋在院子里。他们相信是最尊贵的官员的某些仆人夜间将其取走了。如果阁下们能够好心将煤油返还，他们将不胜感激。

一番商议之后，三人给出了回复，说煤油是被特意拿走的，因为煤油存放在后院也是违反规定的，不过会替他们保管。他们可以不时派人来取，每次都会按数给还。在中国，保存脸面极为重要。这些绅士是否保存了脸面是件让他们永远不能释怀的事情。洛根证实说，他看到有天一个和尚在路过时挤眉弄眼。他们谁也不知道事情是怎么传出去的——是房间里挥之不去的可怕的煤油味儿，还是从他们的仆人那里，抑或是从和尚那里。但是不管怎样，“挖煤油”的故事还是传遍了全城。

第十五章

征讨保定府

10 月初,来自中方的消息称,一些英国传教士被囚于保定府大牢;而在真定府(Jung – Ting – Foo)[①],有几名罗马天主教教士、修女和一些被他们庇护过的新教传教士。为了救出这些人,并调查保定府对传教士的谋杀和暴行,由英国、德国、法国和意大利组成的两支纵队,一支自天津、另一支自北京向保定府出发了。

在接到通知之前,部队有足够的时间准备这次远征。天津纵队于 10 月 11 日出发,取道浑河(Hun – Ho),由白劳德(Bailloud)将军统率。次日,北京纵队由盖斯利将军统领,直奔保定府。由于各盟军对行军的先后次序都十分在意,因此出发前做出决定,各个国家每日轮流领军前进。由于法国、德国和意大利都没有骑兵,所以由我们的印度枪骑兵为纵队做侦查。10 月 12 日的几天之前,法国部队沿大路行军 9 英里,在北京铁路[②]的终端卢沟桥等待大部队。后来,就是在这里,英军从井里捞

① 今河北正定县。

② 即卢汉铁路(卢沟桥至汉口通济门)。

出了三个奄奄一息的女孩儿，她们是被刚刚过去的德国和意大利的联军投到井里的。这是士兵常常采用的处理被他们强暴的受害者的方法，并被认为是隐藏罪行、逃避后果的最安全的方法。

第一天，由大约1300人组成的英国部队，在第26俾路支[①]人分队的印度风笛手的伴奏下，带领纵队行军，其后是2000余人的德国部队和与之同行的700人的意大利部队。城门外由德国的铜管乐队在为德军伴奏。德军马匹的全新马具、直接从德国工厂运来的崭新枪炮和厨具格外引人注目。意大利分队加入了德军队伍。由于他们来得太晚，自己没能征得运输工具，英军给他们提供了一部。

在六天的行军中，天气极好，夜间寒冷而白天令人惬意地凉爽，因此没有一支队伍因生病而掉队或导致其他状况。不过最好的可能是印度分队，他们是唯一一支做了露营准备的。法国、德国和意大利部队全都去附近的村庄和城镇寻找宿营地。正是这种安排给了这些军队使他们各自的国家蒙羞的机会，而他们中的某些人毫不在意其祖国的声誉。

一般认为德军的装备应该是最好的，但是他们所带的帐篷都是那种只够一个当值哨兵容身的小型帐篷。这里或许值得注意的另外一点是，据统计，这次远征共计21天，英军带了正好够用的口粮，而德军和法军分别只带了7天和3天的份额。

---

① 南亚和西亚地区的穆斯林民族之一，自称"巴鲁奇人"（即游牧民），主要居住在巴基斯坦的俾路支省和信德省。

意大利军队，像我之前所说的，则将自己的队伍混进德军。在他们与天津纵队会合之前，情况看起来更为糟糕。很明显，食物的匮乏仍得由某种方式来补充，事实上主要是由抢劫来补充的。

不过，从北京逃跑的中国军队在我们之前不久经过了同样的路线，于是我们发现抢劫也并非易事。许多村庄，其中有些有基督徒或义和团员的住宅，全都不加区别地被整个毁掉并洗劫一空。铁轨被掀翻，枕木被搬到离铁路几英里之外的地方埋掉——这就是中国人泄愤的方式。

联军各分队都极缺骡马，因此，队伍被一致批准可以从更偏远的人口稀少的村落购买骡子。而实际上，事情并不像听起来那么简单。首先，我们要到的消息以惊人之快的中国方式传播开来，当地人立刻将他们的骡子赶进山里，常常用七八头骡子拉着一辆载了惊恐的妇人和孩子的大车。被我们围住的时候，她们都吓坏了，以致没法弄明白我们只是想要骡子，而不是它们诱人的同伴。当然盖斯利将军下达了严格的命令，只要可能，任何时候牲口和粮草都要付钱。

但这通常很难。你把一匹可能有用的牲口找出来了，牲口的主人就会惊恐万分，因为他自己曾竭尽全力地要藏匿这牲口，生怕会因此丢了性命，所以矢口否认自己是这畜生的主人。尽管我们竭力让他放心，他还是会坚持否认自己的所有权。中国人和骡子在这场捉迷藏的游戏中的确都表现出了无与伦比的机灵。我们竟然遇到过安全地藏在高粱捆下的牲口，它们像熟睡的婴儿般安静恬然地躲在那里，直到藏身之地被发现。然后它们就会证明自己是名副其实的骡子。

我们海峡对面的邻居主意绝妙，说来真有意思。头两天的行军中，我们十分惊讶地发现，在沿途所有人口密集的村庄，村民们都会举着法国国旗迎接我们。法国人选择带这么多旗子而不是食物来占用行囊，看起来很奇怪。直到走完了一半的行程我们才明白这三色旗无处不在的原因。

那时法国人已抢先我们一步抵达保定府。我们知道的是，从天津出发的那支纵队目的是去救援山上受困的法国传教士；然而他们带走了保定府的铁路站站长，显然救援并非他们的最终目的。中国人是真的相信他们举着的法国国旗会保护他们的财产不受其他联军的侵犯的。但这种行径，可以想象，在其他联军士兵中引起了极大的反感。这一举动关系商业利益。保定府对法国至关重要。处在他们的位置，也许我们也会做出同样的事情。

而且，他们在到达之后的五天内留在城中，与中国哨兵面对面的耐心的确值得赞扬。不过法军尽管把持着保定府城门，两天之后才偶然得知有几名英国传教士被囚于城中。于是法国上校做了调查，得知格林先生、太太和孩子，还有格列哥小姐被囚在中国官府大牢内六个星期了。他要求立即将人移交过来。对方很不情愿地照做了。很可惜，没有更多的此类举动可以记在法国人名下。而它们是可以帮助清除一些本次战事中那些极其恶劣的事件给人的痛苦记忆的。例如卢沟桥事件，那些不幸的女人和孩子在经历过法国士兵的凶残暴行后逃到河对岸来寻求英军的庇护。也是在这里，英军指挥官毕格内尔

(Bignall)因此禁止任何外国联军在城内宿营。他允许过一次,后来悔恨万分(参见附录五——原注)。

与此同时,部分法军分队开始执行他们的最初使命,也就是解救保定府60英里外真定府的法国传教士。

在几年前中国的太平天国起义中,罗马天主教修女在中国人那里受到了恐怖的摧残,因此所有修女掌管的天主教教会驻地都修筑了城堡,以防止——如果可能的话——暴行的重演。这种武装保教的方式让其他教派的传教士讽刺为天主教几乎是在城堡里传播福音的呢。然而灾难来临时,那些基督徒只要可能就会乐于接受天主教教徒给他们提供的保护。并且,很多时候天主教神父都会通知无论什么教派的传教士,只要受到中国人滋扰的威胁,就可以到他们那里避难。

中国人认为,这些修筑了城堡的教会是他们必须慎重对待的军事力量。这情形再没有比在真定府更为明显了。罗马天主教教堂造了一座塔楼,中国人认为楼上架设了枪炮(事实并非如此),如果他们招来义和拳闹事,这座城市就会被摧毁。于是他们认为最好别去招惹这个地方。这一传教团驻地不仅保护了很多基督教传教士,几名被法军安全护送来的铁路工程师也得到了他们的庇护。

离开北京之前,我们的工程师在印度分队里组成了一支骑士工兵,任务是为联军修路架桥等。这些肤色黝暗的士兵在北京到保定府中间地段的一条河上建了一座桥,就在法军要通过之前,桥断了。德军和英军火速被派去修桥。见印度分队竟然在齐腰深的冷水中作业,法军拒绝了援助的请求,声称他们不是苦力。他们这样就很不恰当地影射了我们的深色皮肤的士兵。不过，盖斯利将军立即以令人称道的勇气命令我们的部队停止工作，让法军尽自己所能设法过桥。

在我们抵达保定府的两天之前，一支中国大部队与我们相遇。德军为了好玩追赶他们。他们说中方开了火；不过德军没有任何伤亡，而中方损失了三四十名士兵和两门大炮。但这并不是打仗。实际上，整个远征过程中，中国士兵或者可以说几乎是友好的。我们碰到几个在寻找被德军追逐的这支大部队的中国兵，在缴了他们的马匹骡子和武器之后就放了他们。

在两支纵队抵达保定府之后——天津纵队的征程更为艰苦，迟于我们两天抵达——那里的处境十分不妙。保定府知府已经逃跑；不过一位 80 岁的老将军和一名骑兵统领曾一度被俘。尽管前述最高长官（知府）最终被证实对所有罪行均负有重责，由于一些秘密势力的影响，这两位还是在藩台和臬台之前先入了狱。

这位藩台就是盖斯利将军为了与其会面而在城门外等了两个小时的那位。这是由于他的翻译詹姆森的误导；而这又是那些深知中国人的人自然不愿向强大的进攻部队首领解释而犯的错误。藩台坐着大轿由很多下属官员护送出来，用很有尊严的方式对盖斯利将军表示了欢迎，并给他的下属和马匹提供了丰富的食物和草料，不过没有任何东西给士兵。

英国部队在城墙外宿营，联军其他队伍驻扎在附近的村庄里。盖斯利将军给中国卫戍部队三天的离城宽限期，宽限期结束之前任何人不准入城。

尽管大雨倾盆——而实际上那是我们遇到的唯一雨天——接下来的那个晚上，还是被选来进行某种环城胜利游行。30 名来自各国的士兵，从北门到南门，自东门至西门骑马游行。在这期间，中国人从他们的窗户里面无表情地看着这奇怪的场面，这些落汤鸡般的外国鬼子，衣服淋得湿透紧紧贴在身上，帽子此时成了临时排水口。不管看起来多么狼狈，他们还是试图保持脸上露出不容轻视的威严，而这些努力得到的结果恰恰相反。

之后，随着 6000 多名士兵的中国卫戍部队的撤离，德军和法军进驻城中，极尽所能地进行抢劫。不过，那里并没多少东西等着这些未遂的强盗。精明的市民刚一获知北京发生的事情便把保定府清空了。他们找到很多锁着的箱子，砸破之后发现大部分都是空的或是只有一些不值钱的玩意儿。几乎所有的东西都被运到了远方，只剩下一些沉重的摆设和衣服被褥。因此这里并无抢劫发生，最佳的理由是——无物可抢。

保定府的女人们活得很好。这里没有上演类似哥萨克人在北京城外卑劣的野蛮暴行——他们把孩子从母亲怀里夺走，用剑将其插上过梁，把女人强暴之后杀掉。

原本可以轻易得到更多关于对保定府主犯审讯的详情，但是由于一名参审人员的幕僚多管闲事，致使媒体成员被排除在外。理查德森(Richardson)将军被任命为审讯庭庭长，不过在法国人号称“这是法国的荣誉”时，他便让位给法国指挥官了。

罪犯被判了极刑并即时执行了,除此之外就无可奉告了[1]。

如果一开始就采取更加严厉的举措,可能很多人都会得救。那个撒谎高手,藩台大人,声称城内没有杀害过一个外国人。他的解释基于这一事实,即那些不幸的传教士们行事毫无分寸,咎由自取。

在保定府,有17名传教士被杀害。他们先被带到最古老的神圣的寺庙里(后来,作为惩罚的一部分,在部队清城之前,那寺庙被夷为平地),被迫向中国的神像下跪,然后被带回自己的住处,包括英国传教士巴格内儿一家,他们的房子被放了火,有些不幸的人自己也被抛进火中。实际上,那些如此死去的人是幸运的,他们逃过了两位不幸的美国女士,古尔德小姐和莫雷尔小姐的悲惨遭遇。两位女士从她们房中被带走,脱光衣服,头发和双脚吊在由苦力扛着的竹竿上,抬往城门。到城门时发现古尔德小姐已经死了,而可怜的莫雷尔小姐体格强健些,还活着。他们让她在城中沿街裸行,后面跟着一个嘲弄辱骂的流氓,她的胸脯被割去,然后砍了头。但是,够了。这些悲惨事件的回放现在没有什么意义了。不幸的受害者的苦难已经在死亡中得到了解脱。

在保定府城外时,我们到易州(I－Chow)占领了衙门。部队不准进城。但是一些德国人找到了很多战利品,银子尤其多。后来我们才知道,从保定府带出去的金条银锭就被藏在易

---

① 中国文献记载:光绪二十六年(1900)闰八月,英、法、德、意四国联军侵占保定,大肆烧杀抢掠,对文物古迹肆意破坏,并将布政使廷雍、城守尉奎恒、淮军统领王占奎等以"纵拳杀西人、烧洋房"的罪名枭首示众。

州。

得知德国人要去皇陵(清西陵),而且知道在那里能找到价值非凡的宝贝,我们的骑兵立刻向皇陵进发了,并通知负责的中国官员,陵墓可能会被抢劫,我们可以帮他们把贵重的东西带到安全的地方。得到暗示后,在我方士兵的护送下,中国人马上将大量贵重物品转移到山谷中的一座寺庙里。我们的士兵由那个高大勇敢的军官指挥,他们在德军离开之前始终保持警戒。后来还是有很多各式各样的零碎物件从墓地被拿走了。那奇特的有很多坟冢的墓地被围墙环绕着,附近一些小寺庙为中国皇帝最终的休眠之地充当看守。玉器、景泰蓝、香炉、铜器还留在那儿,很快被入侵者据为己有,其中很多有着几百年的历史。

在保定府发生了一桩趣事。一天,一支由 20 人(步兵)组成的意大利分遣队在一名中尉的带领下出外侦查。晚上只有一名中士返回。他说这支小部队被几千义和拳包围,请求派兵支援。英军在晚八点调出骑兵,整夜都在搜索那支失散的部队。第二天他们才得知,易州驻军从另外一个意大利士兵那里收到了类似的警报,并且也做了徒劳的搜索。不久之后,失散的士兵带着令人震惊的消息出现了。他们根本没看见什么义和拳。于是真相大白。那完全是两个士兵为了隐瞒他们滥饮中国烧酒而编造的。不过他们在黑暗中走失了,一个到了易州,一个到了保定府。于是,他们的罪行被揭露了。

主纵队离开保定府时,德军和法军留了下来,并在真定府也设了前哨。传教士曾受过摧残的那些村庄被烧毁了。

第十六章

扫荡西山

我们在北京有过几次小型的惩罚性征伐，或者说惩罚性野餐、国际野外演习日也行。下述这次很有代表性。我们在一个下午出发——英军三点，美军四点——在厚积的尘土中从中国城西门出城。

路上的尘土有三四英寸厚。城墙之外是条石板路，那意味着凸起的道路，像是宏大的多米诺，从不同角度以不规则的间隔铺成，上面有几道深深的车辙，是数千只车轮历经几个世纪的颠簸留下的印痕。

我不知道这条路有几英里长。美国的炮架和拉炮的士兵非常不幸，不过经过这段路后并没有撞坏任何东西，倒是我们有一支炮架暂时被弄坏了。途中有门中国大炮倒在路边，旁边是坏掉的炮架轮子。我们的远征队由大约 800 名英军和为数稍多的美军组成；两个德军步兵营携两门火炮备战，还有一些要在上午离开北京的日本兵。消息说一批义和拳会出现在西山的寺庙里。美军和英军要绕道从后面进攻他们，如果可能就将他们从山上赶到北京和西山之间的平原，在那里他们会受到德军和日军的攻击。

大约七点钟，我们进入了一座有围墙的小村庄。天刚刚黑，第一滴雨滴了下来，后来下成了瓢泼大雨。我们和美军都有很长的辎重队列，因为人员众多。当所有的骡子、大车和推车挤进狭窄的街道时，那里一片混乱。不过那些印度兵很快就安顿下来，而且没用多长时间，我就和怀特少校及野战医院的军官们吃上了一顿冰冷的晚餐。

我们住进了村外的一幢紧挨马可·波罗桥①的小屋。这美丽的建筑物在黄昏中看起来尤其奇妙。走到街道的尽头，一座巨大的石砌河堤突然出现在你的眼前，向左右延伸开去，直到你目光所及的尽头。

堤底是一平坦的沙滩，仿佛是退潮留下的。与河堤成直角，犹如一座延伸入大海的码头，水平的桥面无限延伸出去，直至那一端消失在黑夜里。永定河变幻不定的河道里此刻没有多少水。不过当这条大河发洪水时，相对于巨大的水流量而言，面向上游的桥墩，像装了铁甲的船头，就一点儿也不会显得过于沉重了。

我睡在一张印度担架上。所谓的印度担架就是帐篷和四柱卧床最完美的结合。

这是一个寒冷的夜晚，下了几场小雨，而且，我的天哪，露营在附近的一些可怜的抬担架的印度士兵咳嗽得多么厉害啊！其中有些人已经患有胸腔疾病；我不由自主地想到，寒冬来临

---

① 即卢沟桥。它因《马可·波罗游记》而大名远播，在西文中就都称它为“马可·波罗桥”了。

时将会是如何更加糟糕的情形。

我很喜欢两点钟吵醒我的声音——脚步声，夜行士兵的脚步声。他们在夜行时说话不多，也不会声音很大。这种声音很迷人，其中有炮车和大炮发出的隆隆声。躺在床上揣测这些沉默的士兵奔赴何方，或是黎明之前他们会遭遇什么样的敌人，是件美妙的事情；不过不得不在黑暗里起床，给马上鞍，然后跟随他们行进就让人难过了。

我们的回报是在这片奇妙土地的群山之中观看曙光下渐渐浮出的画面。我们身后，向东方延伸出去的是一片没有任何起伏的平原，天亮的第一个信号是前方不规则的锯齿状的群山的轮廓，那线条让人想起莱迪史密斯的达肯伯格山。

大片漆黑的雨云从山顶飘过，轻薄白雾像蜷曲的面纱般铺在群山暗紫色的一边，或是像雪一般填充了遮蔽的裂缝。当天光渐亮，山麓的前景中现出一处陡峭的石崖，与白色的山壁和平台浑然相连，一座宝塔冒出树丛耸立在山顶之上。一堵围墙环绕着宝塔，围墙有宝塔一半的高度，让它看起来像是一座堡垒、寺庙或修道院。

这祈祷者的要塞是既适合于抵御外敌的侵犯，也适合于享受天国之音的喜悦的完美之地。它俯瞰着一条深深的峡谷和横亘其下的平原。谷中有水自山上流下。十来个士兵大概就可以阻止一支军队从类似墙的那一边爬上来。

在远远高出下面世界的汉白玉平台或是回廊上，在松树白色树干上浓密的树叶掩映下，你会瞥见令人愉悦的圣殿。它们面向后面的紫色山峦，或是前面的平原，华丽得如同黄色和绿色的中国刺绣。如果参禅的和尚真的能够升入佛家天堂，那必定是从这样的环境里去的。

白日的亮光把景色的所有细节呈现出来，我们看到了自己正在进入的乡村有多么美丽。这很大程度上让我想起了法国的多姆山地区。所有的平原和矮山是辛勤开垦的象征，肥沃多产的土壤让大地一片丰收。

高山上有很多庙宇。对着我们的左侧南方是最大的一座，那里过去曾有300名和尚。去年法国公使馆的成员占据了寺庙，但是从那之后欧洲人便没有再去那里。庙中的僧人对外国人格外厌恶。

在一个群山构成的圆形剧场[①]内，或者更准确地说，一个马蹄形状的山谷之内，我们预期能找到义和拳的那座寺庙。美军和英军要从马蹄形外部进入，将义和拳赶进山脚的雾中，他们会在那里遭遇平原上的德军。马蹄指向西方，而寺庙在马蹄的南侧。

我们的士兵到达马蹄南侧和西侧时，北侧还没有掩护。就出敌不意而言，我方的突袭是大获全胜了。他们还毫不知情时，我方士兵就布满了他们上方的陡峭山脊。

下面有一座寺庙，寺内有座高高的白色宝塔和汉白玉平台，阶梯，人造石砌池塘，精雕细刻的坟冢和铺着瓦片的房顶，色彩之丰富如同种在其间的花坪。我们把义和拳赶进祭祀的

① 这里作者借用古罗马圆形剧场来形容那里的地形。古罗马圆形剧场是一大一小两个半圆形剧场合并而成，亦译作罗马大角斗场、罗马竞技场，当年是专为看角斗而造的。

密室。我方开火时他们似乎正在准备早餐。不知他们是否有过要防守此地的想法,只要上方的高地一被占领就根本无法防守;不过,这反正只是个落荒而逃的问题。

树荫掩映下,几段台阶和砌得很陡的斜坡向上通往那寺庙,不过下面的平原上有一片明显的空地。他们穿过空地跑向对面的斜坡,那些斜坡的顶端终止于一段断裂的山脊,形成马蹄的另外一端。到处都看不到德军的影子。那里只有几片高粱地。他们穿过那片两三百码的绝对空地时缺少这样或那样的掩护。

此时每个中国人都只能暴露自己,成为居高临下的英军和美军明显的靶子。打靶练习显然很糟糕。那片空地上只有六个人被打倒,因此每一方都可以宣称六人全是自己射中的,却没有任何理由来吹嘘他们的枪法。

德军来得太慢了。他们迟过了指定的到达时间,而且即使他们准时到达,也来不及有效地配合英军和美军。德军右方的日军没得到机会做任何事情。美国士兵占领了寺庙。夏天的几个月里,这里住着美国公使馆的斯夸尔思(Squires)先生及其家人。一张告示贴在门上,写着:“依圣旨,此寺院被定为八大处义和拳总坛。”

大量待烤的面团和正要做饭的迹象显示了彻底的出其不意。

在寺内我只看到六具义和拳的尸体。报道称我们杀了一百,可我相信这是明显的夸张。很奇怪,战场上类似这样的流言,居然就能在军队里被不停地重复,而最终在很少或毫无事实根据的基础上被相信。

到处都是迟到的德军。就我所看到的德军，我倾向于同意一名日军上校对他们的批评。“他们有太多的操练了——操练，”他说，“操练阻碍了他们行动。我推崇快速的行动。”

这座寺庙内没有值钱的战利品，只有一点毛皮衣服和其他杂物。这里有大量干净的垫子。我离开的时候美军正舒舒服服地待在寺中最舒服的房间里，或是待在阴凉的汉白玉平台上。那些平台从大山一侧朝向隔着肥沃平原的北京。不过他们的享用期实在很短：就在第二天，复仇的基督徒就用炸药将寺庙炸成了废墟。

第十七章

新旧文明的比较 传教事业的昨天和今天

东西方交接的历史是一部伴随着罪行的野蛮侵略史。中国是一个自给自足的独立国家,在自身远早于西方开化之前的发展与文明中怡然自得。他们所达到的那种先进与文明,使其在世界上处于遥遥领先的地位。早在伊丽莎白时代数百年前,他们已经完全达到了西方16世纪的水平。

我们与东方的第一次接触,或者说,第一次交流,是通过伊斯兰教传教士进行的。他们是纯粹意义上的传教士。他们传授自己的教义,没有任何不论是政治的还是社会性的外在动机,没有任何要扩张穆罕默德(伊斯兰教祖)领地的欲望。如果他们没有在中国受到热忱款待,至少也得到了一次公平的机会。而且他们竭尽所能地在精神和智力领域取得影响,而这些影响绝非是无关紧要的。

接着是来自西方的第一批基督徒传教士,他们从事与伊斯兰教传教士相似的事业。其中最伟大的一位是方济各·沙勿略[①]。遍及整个东方,在中国和日本,他都有数以千计的追随者。在日本,历经几个世纪相互残杀的战争,至今仍有住满了基督徒的村庄。他们的祖先追随方济各·沙勿略而皈依基督教,他们的信仰从祖先那里传承而来。就这些最初的传教士而言,不论伊斯兰教还是基督教都没有任何军事、政治或是外交的扶持。他们只是去传授穆罕默德或基督的教义,而且取得了巨大的进展。似乎数百万的广大中国人,和人口较少而比例更大的日本人一度很可能弃儒教和佛教而转信基督教与伊斯兰教。甚至直到今天,我们在整个中国随处可见这些传教士的足迹。在关于耶稣会的书籍和天文历算中,在北京天文台上优美的青铜制成的奇妙仪器上(几个月前还能在那里看到的仪器,现在却作为战利品被抢走并运到德国),在遍及整个国家的桥梁上和建筑内,依然可见他们尚未被磨灭的印迹。

那是这样一个去中国传教的时期:传教士在没有任何保障的前提下,愿意无偿地、不加伤害与拒绝皈依者、也不从皈依者那里索取任何财物地牺牲生命而前往。

这个时期之后有一段空当,然后就开始了西方的政治和社会侵略。看起来似乎我们西方人失去了所有的幽默感,在所有的著作、所有的杂志文章、记者的报道、居民的信件里,都没有阐述任何事实真相。

在北京有一天,一位德高望重的外交官对我说:"如果一个

① St. Francois Xavier(1506—1552),耶稣会创始人之一,首先将天主教传播到亚洲的马六甲和日本。

人以私人身份参与了东方事务,他应该被任何一个正派的团体排斥在外。”

这里是对于我们与东方外交的一段总结。假设这个古老高贵的民族是一位英国绅士,住在自己的领地上、待在自己的房子里。他不想与周边的人来往,不想自己的领地被打扰。这是他自己的、一份从他的国家无条件继承的永久地产,他在他的领地内拥有他所需要的一切,别人无权擅入。他是一个爱好和平的人,懂得太多我们所谓的文明而拒绝斗争。他已经建立了一套处世准则。在这套准则中,一件事情的情理对错就是申诉的最高和最终法庭。在他所有的商业交易中,一份合同的公正,不管是书面的还是口头的,就是合同本身的精髓。于是当外人坚持讨取向这个业主的仆人贩卖毒品的权利时,他只是找到了擅入的第一个借口,入侵的第一个借口。

有任何一个研究历史的学生、任何一个客观的观察家,能找到一件可以和我们第一次入侵东方的借口——比如鸦片战争——更荒唐的事情吗?无疑,可以找到比这更好的入侵借口。至少,终极的幽默或许可以拯救西方人。但是在所有的托词和借口当中,他们选择了由传入鸦片发起他们对东方的第一场战争,从而书写了这段荒唐的历史。

这是中国人所陌生的毒品;他们完全不了解它的用途。鸦片由欧洲商人从印度传入,然后,由于进口中国受到干预,欧洲人发起了战争。我们,随身带着《圣经》,并且一有机会就强迫别人接受《圣经》的人,发动了战争。为什么而战呢?他们发动战争,因为这些商人中有人坚持认为,中国人应该吸食削弱这个国家年轻人活力的鸦片，他们应该持续发展对这可怕的销蚀灵魂的毒品的喜爱。如果他们以《圣经》的名义发起这第一场战争，如果他们决定用马克沁机枪来强行灌输福音箴言，你能理解，至少任何一个对于英国思维的伪善略知一二的人能理解。不过这是在伪善发展的初期阶段。

“带走你们的鸦片和传教士，你们就会受到欢迎。”这是几年前恭亲王的裁决。而文祥[①]补充道：“废除之前的领地条约，你们就可以在各处都通商和传教。”

忘记这第一次争端对我们来说或许很方便。忘记在中国人拒绝服用、而我们的商人坚持要贩卖这毒品时，我们开始了一场代价巨大的非正义战争。对我们来说也许很方便——代价巨大，并非对我们，而是对我们击败的中国人而言的。但是要从中国人的头脑中除去记忆并非容易。鸦片战争成为一个起点，为随之而来的一切提供了完美的开端。我们在上个世纪末期进行了一场有趣的尝试，其徒劳和荒诞或许会被中国的近期历史所证明。

---

① 文祥（1818—1876），瓜尔佳氏，字博川，号文山，满洲正红旗人。1845 年（清道光二十五年）进士。历任太仆寺少卿、詹事府詹事、内阁学士、署刑部侍郎。1858 年（咸丰八年），命在军机大臣上行走，授礼部侍郎，后又历任吏部、户部、工部侍郎，兼副都统、左翼总兵。1860 年，英法联军攻逼北京，咸丰帝出走热河（今河北承德）时，命署步军统领，随恭亲王奕䜣留北京与英法议和。次年，与奕䜣及大学士桂良等联名奏请改变清政府的外交、通商制度，设立总理各国事务衙门，并被任为总理衙门大臣。

各国的代表聚集在海牙参加被称为海牙会议的大会①。欧洲国家发现大部分男性人口,以及他们各自政府的大部分财政收入正被他们各自的军队吸收。海牙会议就是一次朝着让这些纷争诉诸理智、或交由更高的法庭仲裁解决的方向之努力。比我们古老得多的中国文明,如果不是几千年前就是几百年前,就做到了这场海牙会议所要做到的;这并不令人惊讶。而这种文明正好将好战者的素质明示到他们在事理标尺上本所应处的位置,这也不让人意外。

于是,当中国发现他们不得不对付刚刚达到海牙会议水平的、还处于胚胎阶段的文明时,怎么会不深感失望啊!并不是任何一个西方国家的国策,当然也不是他们的实践,愿意把与东方国家的任何争端交给仲裁法庭的,即便有那样一个足够权威的法庭。我说没有足够权威的法庭是错误的,因为是有一个至高无上的法庭,个人和国家良心的法庭;在它面前,关于对错的难题总能得到裁决。就像对每一个有良心的人来说,都有一个即便是无言的,但也是明确的对黑暗中人宣判的法庭,也有一个对个人良心与国家灵魂总体裁判的法庭。

在国家与国家通过外交渠道的交往中,对错的概念自然地消失了,因为这是一场个人智力的竞争,彼此试图赢过对方。

① 应指第一次海牙和平会议(1899 年 5 月 18 日—7 月 29 日)。会议结果为 1899 年 7 月 29 日"海牙公约",亦称"海牙法规",包括:1.《和平解决国际争端公约》(1899 年海牙第一公约);《陆战法规和惯例公约》(1899 年海牙第二公约)及其附件《陆战法规和惯例章程》;和《关于 1864 年 8 月 22 日日内瓦公约的原则适用于海战的公约》(1899 年海牙第三公约)。

问题的对错消失了,它们在我们与东方的外交关系中完全彻底的消失了。

在所有参与了这场对中国的宗教入侵的联军力量中,一个执行了最为正派的策略的国家是美国。与查飞将军谈话时,他对我说:"我来这里救援公使馆的人,越早离开我越高兴。"

在远征的最开始,以及在谈判中,美国都坚持了一条理性与非侵略性的政策与行为路线。他们的海军将领是唯一一个反对那场未经宣战就炮轰大沽炮台的暴行的人,从而使自己远离了其他人犯下的不可宽恕的罪行。美国部队的行为,如果总的来说不是你所能期望的一切,至少与俄军、法军和德军相比表现得要好多了。而且,售卖美军士兵抢掠的物品赚得的金额被分给了北京的穷人。在那个国家所有的外交协定中,有种非常健康并充满了清白荣誉感的东西,那是我们新的文明随着地球上最古老文明的进化。也许这是因为其外交良心还没有衰老到奶酪一般腐朽,那腐朽对于不懂外交策略却处事公正的人的灵敏鼻孔是那么臭不可闻。

如果我是一个美国人,对于这场与中国的军事行为和外交活动,我会有一种发自内心的自豪感。秋天的时候,人们将其归因于一场即将到来的选举形成的达摩克利斯之剑,或归因于作为努力扩张的结果而在菲律宾得到的教训。但是选举过去了,他们的策略并未改变。如果在不久的将来,有任何一个国家可能与中国发展商业往来,那肯定是美国。而就我从美国商人、领事和外交家那里所能了解到的,他们似乎找到了最合理的策略。换句话说,他们明白了与中国发展贸易的方法,不是通过攫取领土，不是通过侵略，而是通过“中国是中国人的中国”，并公正地而非诉诸武力地与他们交易。

第十八章

慈禧太后叶赫那拉氏

我对激励了义和团的主要动力怀有至高无上的敬意。如果我是一个中国人,我会是一名义和团员,而且,当我了解了他们的思想,我认为百分之九十的热血爱国男子都会跟义和团站在一边。然而效仿他们的行动方式就完全是另外一回事了,同样没有任何人会支持那种方式。

但是正如"时代不同,习俗不同"的说法,别的文明也需要别的方式。如果我是一个中国人,纯粹的、自我满足的保守主义本性会赋予我生命并充满我的灵魂。我最高的崇敬,我的生命和我的剑,我卓绝的努力,将都会归于慈禧太后,叶赫那拉氏。我绝对不会认同,列强入侵我们就必须卑躬屈膝、被迫西化。我会对所谓的改革家恨之入骨;满足于对西方文明的皮毛认识的他们,竭力提倡我的国家被迫接受它。我的热望的聚焦点,我的热情的支撑,将集中在慈禧太后的个性上。她一生中的每项举措都是一以贯之的。从中国人立场来看,她的每项举措都是极度爱国的。在历史上的伟大女性人物当中,她并不孤独,甚至在那些与她有许多相似之处的人中,她是站在最前列的。她与俄国的凯瑟琳，与英明女王[①]有许多共同点。她与已故维多利亚女王[②]一样，统治着几乎相同数量的生灵。但是，对历史悠久、走过了蛮荒时代的中国人来说，她是最广大的疆土之女皇，是所有的女性当中最具勇敢精神者，并真正统治着她土地上的子民之生活。

为这个伟大生命的历史停留片刻是值得的，因为有太多关于她的谎言，关于她的流言和想象，多到可以写成一本引人入胜的小说。她不是奴隶，也不是从南方来的女乞丐。她的父母是住在北京的满族人。在所有人眼中，不论是西方人还是其他人，纯种的满族女人是美丽的。各个方面的说法都同意，作为一个女孩子，在这个美丽女人的族群当中她无疑是最美的。

她在16岁时被宫中官员选进紫禁城的后宫。在那后宫门前即便是联军的将军也要止步。那后宫是整个北京唯一从未被侵犯过的圣殿。寺庙内的圣殿被亵渎，但是宫中那些美丽的女人在整个联军占领期间都未受玷污，头戴凤翎的宫中男总管保护她们的幽居未受侵犯。为皇宫挑选最美丽女子的习俗是从犹太人那里流传开的，至今在大部分东方国家仍然流行。

叶赫那拉氏，在她被选入宫时，认识到她所得到的机会，并决定要最大程度地利用它。在美貌之外满怀着无限雄心，她积累一切智慧的武器。在一个有着高度文明与智慧的男人的国家，她本能地抓住了文化的力量，而且我们知道她勤奋地学习

---

① 凯瑟琳大帝，又称叶卡捷琳娜二世，俄国女沙皇，1762—1796年在位。英明女王，即伊丽莎白一世，1558—1603年在位。

② 英国女王，1837—1901年在位。

中国文学,并很快精通。她的个人魅力使她轻而易举地成为皇帝的第一宠妃。但对这个伟大女人的雄心来说,这只是垫脚石;而这些本来就能让她大部分的同性满足了。那辉煌宫殿的奢华会很大程度上消弭那份雄心。那些汉白玉平台,跨越荷塘的精雕细刻的汉白玉桥,俯瞰着宫殿的琉璃瓦屋顶的煤山山坡上的亭阁,都有着美妙的优雅魅力。越过琉璃瓦屋顶,一边是宏大的北京城,从每座宅院里冒出的树叶遮住了它的肮脏污秽,也全然地遮住了另一边、城市向青翠的西山延伸出去的那一部分。世界上没有任何一个首都能从它的宫殿中看到这样美丽的景色。屋顶和尖塔、宝塔、庙宇、城楼和石碑露了出来,而所有其他的一切,至少在夏天,我看到的时候,全都隐蔽在一片青葱之后。

皇宫玉兰园中的大理石浴池

已故皇帝，咸丰，完全沉湎于他宫中的赏心悦事，而所有这些赏心悦事当中美丽的叶赫那拉氏是无与伦比的。

以第五等妃嫔的身份进宫，她迅速高升，在她的儿子出生之后她得到了贵妃的身份。不过这个身份只是通向她野心的阶梯的一步而已。皇后还在，而叶赫那拉氏对她十分嫉妒。没有什么比她很快征服了皇后本人的心更能让人赞美她惊人的性格魅力、吸引力和能量的了。结果有一次，皇后，她击败并取而代之的对手，站在她的一方为她向皇帝求情。

早在18岁的时候她就成了中国实际上的皇后。她完全地统治着皇帝，并通过他统治着他的四亿子民，而且，最精彩的，统治着皇后本人。

白塔寺花园中的池塘

在咸丰心甘情愿地做这个年轻的满族女子——叶赫那拉氏的奴隶的那些早期的日子之后，半个世纪过去了，而中国的统治者依然臣服在她的脚下。有人说，不管列强如何吹嘘和威胁，他们最后会坦然让她重掌朝政；如果不能说是被打败了的话，他们实际上是被中国政府以智取胜了；外国人在中国的境遇将会无法估量地更加糟糕。这完全有可能。而且如果大变革的种子正在中国发芽，人们也许会问，如果中国曾有过的最伟大的统治者叶赫那拉氏不是真正的播种者，那又谁是呢？那变革不会是针对她的，而是针对那些正扼杀她国家生命力的人。

有许多传奇环绕着她的名字，大部分为英国人古板的耳朵所不屑，而其中许多源自英国人的笔下或口头上。如果我是一个中国人，我对东方的了解会足以以他们真正的价值观来评价所有恶棍和杀人犯的故事。作为一个中国人，我会笑对关于慈禧太后宫廷极尽享乐之能事的胡扯；并且，作为对这些偷窥轶事的反衬，我会在许多将使慈禧名垂青史的爱国主义行动中列举一桩或几桩。那些对中国稍有了解的人，谁没有听说过一个感恩的国家在 1894 年慈禧太后 60 大寿时献给她数亿银两——大约 150 万英镑？所有的钱财都用于欢庆、宴会和大肆挥霍，那是当然了。但事实不是如此；叶赫那拉氏将大部分银两用于她的国家被耗空了的战争基金。当六个国家联合起来对抗她时，是谁并没有对国家放弃希望，而是不论年轻还是老去时都为了中国人民而对中国怀抱着坚定的信仰？是叶赫那拉氏。老臣李鸿章——帝国最清醒理智的头脑——从谁那里寻求妙计？不管是精明的美国外交官，还是从戈登以来最了解中国的英国人给出的答案都是一样的。所有曾经接触过叶赫那拉氏的人都见证了她的魅力，她的爱国精神，她的诚挚和她百折不回的毅力。

在评价慈禧太后的政绩时应当铭记，为了保卫她的领土不受落后的欧洲人的侵犯，叶赫那拉氏不得不倒退回复仇的阶段，欧洲人的幼稚的文明教给他们的最高逻辑就是残暴。她不得不教导一个高度文明的国家，要生存就得放下理性，握起拳头。然后，当拳头失败了，她告诫国人，中国必须用最先进的武器武装起来。但要不是改革家康有为将原该是军工厂的地方变成空论学堂的稀里糊涂的尝试，中国或许仍在静静地准备着对德国亵渎胶州的复仇。

照片前景中死伤的中国人

事情还未结束。像叶赫那拉氏这样的生命是不会以失败而告终的。欧洲在北京周边展示了它最新式的武装和最古老的残暴。是的，大多时候，它用它漂亮的精密武器对准了无辜的村民和没有抵抗力的人，运气好的时候零星地打到几个失散的士兵。然而血腥的军事演习仍在发生，中国终于上了一堂基督教的课，领教了它作为一部无烟杀人机器发展到最高阶段的样子。过去，没有什么可以逃脱叶赫那拉氏敏锐的眼睛，让那些早就准备好为中国唱哀悼经的人不要幻想这场最终的展示会被遗忘。那些最了解她的人说叶赫那拉氏不可动摇的目标是将基督徒赶出她备受磨难和掠夺的国家。在近几个月的很多时间里，我们教导了她，而那些还没有来得及让她领教的，在南非给补上了①。

全中国沉默的人们已经在行动了，等待着天赐良机。如果我是一个中国人，我也会带上我的李 · 梅特福步枪，或是乐贝尔步枪，或是毛瑟枪，开办制造包括开花子弹在内的各种武器的秘密作坊——那开花子弹是留给德国人和俄国人的肚子的。然后，在某个 10 月 11 日，在叶赫那拉氏即将迎来的最伟大的一年，我们会结队进入，不是几十个或者几百个，而是成千上万的人，自愿地用我们受过训练的双眼和我们的生命为世界上最伟大的女人服务。

① 指前文提到的布尔战争。

第十九章

各国士兵之比较

在德兰士瓦之战[①]初期与英军一起度过了五个月之后，又有机会随军于在中国的联军，将两者做个比较是极为有趣的事情。在中国我们征用的部队大多数来自印度军队。至于法国，从最初的进军到救援公使团的整个过程中，他们的部队都来自东京湾驻军。不过后来直接来自法国的部队和德军部队，会被自然地作为他们各自军队的样本。的确，在天津围城之外很少有激烈的战斗。除了在北京东城门外的一次交锋，行军途中的交锋并不猛烈。然而参加那次战斗的仅限于日军。那场战争没能提供在紧张激烈的战斗中观察各个部队的机会，不过还是可以借此检验他们在极度严峻的形势下作战的素质、资源和装备。8月份的天气，在救援行军之时，酷热难耐，远远超过了我在南非经历过的任何炎热。任何可以被称之为道路的地方，路况极差，灰尘滚滚，水质极为恶劣。没有统一指挥的远征部队，因其组成分队每日行动的不确定性增加了令人讨厌的麻烦。

打仗并非士兵在战场上的唯一职责，尽管那是他存在的理

① 即第一次布尔战争。

由。在除此之外的几乎所有其他职责中，我们有充足的、各种各样的机会去对比他们的优点。日本步兵对大部分联军来说是个惊讶和意外。尽管日军为了自己的骑兵下了很大工夫，但骑兵与他们其他任何在役兵种相比还是相差甚远。日本人在他们国家不惯于骑马，他们学到英国马夫或爱尔兰农夫的儿子或牧场牧工天生就有的驭马知识的机会微乎其微。考虑到这些，人们就不会觉得奇怪了。日本步兵极度的机动灵活大大弥补了他们缺失高效骑兵的不足。他们似乎以跑步去做任何事情。他们所有的士兵看起来总是受到最好的刻苦训练。要是他们在日本没有马的话，那他们有很多不以每天跑 30 到 35 英里为苦的人力车夫。

颐和园里的白色大理石石舫

观看日军的战地演习，我常常会想到，日军的所有士兵如果没做过拉人力车的学徒，肯定至少经历过某种同样严格的训练。在去往北京的远征中，日军随军携带了多架小口径火炮。他们将随军携带的许多轻型火炮投入战斗，就架在火线上。在他们的宿营装备、食物供给和野战医院兵团的每个细节，打包和布置都是整洁有序，很明显这使他们得以用少于其他任何一支部队三分之一的空间携带了他们所有的必需品。日本士兵的简单食物对作战来说十分理想。一般来说，他们的食物由大米组成，加上一种或许可以叫做干咸鱼调味品的东西和类似咖喱的神秘棕色佐料。就像他们依照我们的舰队打造了自己的舰队一样，他们也参照法军和德军定制了自己精选的军服和装备。他们在日本的军服是深蓝色的，但在远征北京时是白色的，跟任何一支比中国人稍好些的射手组成的军队相比都是那么致命的显眼。他们现在要放弃这种军服，并将其换成卡其布原色的。他们沉重的德国军帽要换成更遮阳的草帽或头盔，尽管那看起来并不好看。

尽管所有联军军官都震惊于日军的纪律和装备，但是近距离的观察者更被赋予他们生机的深层的军人精神所吸引。似乎每个矮小的日本人都天生拥有一种内在的军人精神。他们仿佛因为战斗本身而热爱战斗。看起来像小男生做游戏一样享受这一切。他们比其他人更平静地对待自己的杀戮，似乎深知这就是游戏的一部分。在战斗中，他们身上确实有一种我从未在其他部队见过的热情和活力。在天津围城期间，有无数他们完全蔑视死亡的例子。北京城门外，10 名士兵在试图炸开大门时阵亡。在我看来，如有大战，在他们军官毫不迟疑的指挥下，丧生人数可能不知要多多少倍。晚上十点，在日军发动上午未能实现的袭击以攻占城门时,他们进攻冲锋时的欢欣愉悦极为引人瞩目。在所有类似这样的行动中他们都唱着歌。

夜间,在行军路上的营地里,士兵们像转法轮一样沿圈踏步吟唱。我误认为是佛教徒诵念夜经的声音,后来才知道原来是在吟唱福岛将军亲自作曲的一首战歌。

看他们在遭遇惨败时会怎么做,在数量上被超过或是在吃了败仗的紧张状态下,会如何自处,将会是件有趣的事情。以运动做比方,我会倾向于日本军队在对俄国军队的较量中能打出六比四的分数。我就此与之讨论过的几个德国军官认为俄国士兵是整个队伍中最优秀的战士。这些俄国士兵和你预先想象的俄国人形象极为相像。结实,胸膛厚实,大块头而强壮,他们让你想起肩上扛着步枪而不是锄头的大块头农夫。他们从来不像日本人那样迅速地行动,而是以一种倔强的顽强沉重而缓慢地迈动步伐。虽然行为粗暴野蛮,但他们对自己的军官却有一种孩童般的服帖顺从,而这些军官应该为他们犯下的无数暴行受到谴责。如果管理得当,就有可能制止他们犯下那些暴行。

各个军队从彼此那里都得到些诀窍。比如,俄国人有一套令人称羡的行军时随军携带的活动厨房系统,包括一口下面烧着炭火的巨型大锅。大锅里面的东西,看上去像是俄国版的爱尔兰炖菜,滚热的,他们的士兵在任何一次停军休整时都可以吃。在南非草原早晨两点到四点之间严寒中的几个小时里,这样的设施对英军来说会是多么的让人高兴啊。

远征北京中的法军,虽然后来的那部分要好些,纪律、设备,以及其组成成员的行径,都让人不屑。除非抢劫和掠夺的艺术也可以看作具有军人气概的品质,在我看来他们在其他方面一无是处。

我期望看到德国人的出色表现，但是不得不说我大失所望。就阅兵场操练来说他们令人赞赏；作为操练教官努力下的机械自动的产物他们无人可比。可是他们看上去动作沉重缓慢。在北京城外由英、美、日、德联军进行的一次旨在包围一伙义和团的小型远征中，由于德军到达他们的指定地点迟了一个小时，导致行动失败。一天和一个日本军官谈论德军，他对他们的评论是："很好的战士，但是我觉得操练过多了。"

如果德军受太过机械操练之害，那么美军肯定正相反。自力更生、足智多谋和充满个性都是优良品质，而美国士兵使这些令人赞赏的品质得到充分发展。不过他们需要更多的纪律和操练。或许美国的民主情绪不轻易屈从于纪律。拿破仑手下每个士兵的背包里都应该装有一根元帅权杖。美国士兵由此把自己当做元帅，认为他的确和自己的上级军官一样优秀，如果不是更优秀的话。他们比其他任何士兵都喜欢抱怨，而且似乎花很多本该只是服从上的精力去表达个人观点。美国士兵显然是世界上吃得最好的士兵。他们对舒适的标准，虽说不上奢侈，也是非常高的。这对有任何一支像欧洲军队那么大规模的军队来说都会是极具毁灭性的。

由于我有机会在中国观察各个部队，将他们与我们在南非的部队做对比时，我对后者充满了比我形成这种对照标准之前深入得多的了解。我们的军队，像现在的这支军队一样由殖民地军团组成，一个多种优良品质的组合。皇家轻骑兵团、非洲骑兵团、布拉班特骑兵团、新西兰兵团、加拿大兵团和澳大利亚兵团的战士同样具有足智多谋和积极主动这些美国军队里最优良的品质。

捉中国母鸡

爱尔兰军团有着与日军一样鼓舞人心、根深蒂固的战斗精神，他们或许是世界上最好的战士。在围攻雷迪史密斯的战斗中，我看到了左拉在《崩溃》里描写的战场上炮手的英勇气概。我相信我们的炮兵是无法超越的。身在远方的评论家贬低我们在德兰士瓦的士兵。德国人长篇大论事情本该如何如何，忘了他们派往中国的小型远征队，由于设备的一些要件还未抵达而在天津等了一个月才能向保定府进发——那时候，我以晚饭后在旅馆阳台上问德国军官他们觉得什么时候他们的防水材料能到为乐。

我完全不想以军事专家或是某类联军的综合武官自居。我只是作为一个善于观察的局外人来讲述。骑马狩猎的过程中，你很快了解你愿意和不愿与之同去的人。你从心内感觉到那个你愿意和他一起打老虎的人，虽然要把理由写下来就是另外一回事了。对于战场上的士兵更是如此。

根据我在南非和中国看到的，我感觉并且知道，南非的那场战争，如果要再来一次，我还会选择英军。他们不仅会跟别的国家做的一样好，而且更好。许多事情可以做得更好。但是当我看到其他部队时，种种迹象表明他们可能的失败要多得多。

不考虑他们登陆南非的可能性的话，只有两支部队可能不出意料地解决这场战争。那就是日军和德军。但是，日本人可能会由于他们缺少高效的步兵和骑兵而吃败仗；笨重、啤酒喝多了的德国人可能会被他们灵活的对手和严谨的带夹鼻眼镜的军官拖垮。打马球、板球和橄榄球的英国军官的体育锻炼在战事中比我们一般想象的要有价值得多。

中国人有句俗话说：好铁不打钉，好男不当兵。但是我相信中国可以组建一只几乎可以与世界上任何一支军队媲美的队伍。中国人坚强，吃苦耐劳，顺从，聪明。但是，只要他们的军官由儒家学者和擅长弓箭者组成，就不能期望中国人建立一支高效的军队。

联军在中国的战争对现代武器之于未来战争的影响会给出怎样的阐释，提供怎样的经验教训——如果有任何阐释或经验教训的话，对此的考量很有意思。由于中国人打得太差，也许没多少经验教训可以吸取。在我看来，从中国人那里我们什么也学不到，除了一点之外——如果战士不被正确地指挥，最新式高端的武器和无限量的军备供应都毫无用处。我坚信中国人能被训练成优秀的士兵，但只要他们在现有体系下受训，那就永远不会发生。

在俄军中，当进攻展开，做最后冲锋时，指挥官的最后一句指令是："跟我冲啊！"中国士兵从来不是被他们的指挥官引领的。那些军官永远在队尾。从来不是"跟在我后面冲"的问题，而是在"在我前面冲"。这是他们学问上合格的指挥官的实践，也是他们的理论。所以他们仗打得软弱无力也就不足为奇了。

但是另一方面，从天津防守、北京公使馆和北堂传教团那些战斗中有很大的教训要吸取。其一是现代武器大大提高了防守能力。我们在南非得到了这个教训，而在这里它被强调、证实、确认了。在中国的这三次围攻中，进攻军队的数量远远超过在南非的任何一次战役，战斗更接近居民区，光是步枪子弹留下的弹痕就说明了火力非常强烈，尽管精确度不够。

如果中国人以完全相同的顽强防守北京城墙，那么对北京的围攻毫无疑问会持续到今天。这三次小的围攻展示了多么有效的防御力量啊！这种力量现在可以被掌握在任何一个国家的任何一支卫戍部队或设防城镇手中。从这些经历去展望未来，很明显，在双方兵力完全相同时，未来的战争只能由一方物质资源的消耗殆尽，或是僵持中获得一个战略性的位置来决定胜负。

日本步兵赢得了所有联军指挥官的赞赏，并在很大程度上证实了我长久以来未经确认的理论，那就是对士兵的身高体形做出要求是很荒谬的。我看不出有什么理由不能有由小个子组成兵团，如果他们健康强壮的话。

在一场著名的爱尔兰决斗[①]中，其中一个决斗者个头奇小而另一个块头很大。有人评论说这不是一场公平的搏斗。希尔，其中的小个子，对此评论回应道："如果你用粉笔在他身上勾画出我的体形，我同意凡是我打在轮廓线之外的全不作数好了。"

最瘦小的士兵目标最小。任何一个曾在炮火攻击下、卧在南非草原上和他脑袋一般大小的石头后面的人都知道，他的身体与石头重叠部分之外的面积给他带来怎样的痛苦。除了目标小之外，小个士兵的兵团需要更少的食物并且更容易运送。相对于体形的比例来说，他们的装备没理由比警卫兵团的更重。也许另一个可以从对中国人的战争中学到的是海军可能的用处。我们的舰队快速使海军在海岸线上任何一处登陆。这种机动性从某种程度上使他们被视为海上的步骑兵。他们在中国的公使馆防卫和救援中的卓越战绩，还有之前在纳塔尔和雷迪史密斯的作为，标志着他们一个目前被普遍低估了的、更有效更重要的军种。

中国人对我们来说，唯一的用处在于贸易方面。这个国家的人口如此密集，因此它不是西方过剩人口的倾卸地。西方人想要占领中华帝国的任何一部分，其管辖代价都会是巨大的，从而使由此带来的贸易成果得不偿失。我们能从中国得到的最好的回报将会由"中国是中国人的中国"获得。他们被迫接受的西方文明到了一定程度，也将会吸收我们的军事理念。当

① 1777年，一群爱尔兰人起草了一部决斗法则，这部法则在整个欧洲乃至美洲得到了广泛使用，被称为《决斗法典》。按此法则进行的决斗便称为"爱尔兰决斗"。

大量能够有效使用武器的士兵被正确训练之后，对我们来说将是非常可怕的问题。

第二十章

德国在东方的商业扩张

在中国和日本对欧贸易的主要城市与港口周游的人，无人不震惊于自己不断遇到的德国人的数量。天津、上海、香港、广东、神户，横滨，似乎无一例外地挤满了德国人。他们在天津、上海和香港有德国总会，而在广东和芝罘则没有，因此，你在两国人的共同会所里听到的德语和英语一样多。在每艘轮船上、每个旅馆里你总会不断地碰到他们，而他们的名字在店铺里、办公室的黄铜牌上随处可见。跟老牌英国公司成员谈话时，你会发现他们坦率地承认，德国人正悄然进入各个商业领域，有些领域发展迅速，其他领域发展缓慢，但是毫无疑问，他们正向所有领域发展。对此你会听到各种各样的理由。许多在东方的英国商人完全归咎于英国政府和英国领事。这些人说德国领事为了促进自己同胞的商业利益不懈地勤奋工作；在与中国人之间的任何纷争和分歧中，他不会担任双方纠纷的仲裁，而是像一个铭记着为客户尽自己最大努力的顾问那样，帮他克服困难，从对方那里榨取可能获得的每一分利益。德国领事在商业事务上似乎消息极为灵通，并对进一步发展的所有机会保持敏锐的洞察力。因此他们是一个总能迅速获取全面信息和统计资料的消息源。有人抱怨英国领事对商业知之甚少且并不重视，从他们那里无法获得最新的可靠信息。

当问到德国人如何解释他们在东方迅速的商业进展时，他们给出毫无二致的答复。首先，他们说，他们比英国人工作更勤奋，每天工作时间也要长很多。一般的德国人都想在几年之内赚足够的钱回德国。工作越勤奋，他的背井离乡期就结束得越早。他不参加赛马，也没时间像英国人那样打板球或网球。等英国人愿意放弃一天中的某一餐或是放弃午餐前的开胃酒时，他就会考虑放弃其他的一项消遣。为了更好地跟中国人做生意，德国人对他们进行研究并学习他们的语言，以便不必像英国人那样完全依赖买办。他决定设法与他们做生意，并愿意结识他们。如果不能得到一份批发订单，他会零售供货；但他会想方设法拿到订单的。他知道英国人比他起步早得多，而且可以更加自主，但他决心尽一切可能将这些优势扳平。

了解一两个中国商人对这个问题的看法很有意思。很明显他们更喜欢跟英国公司做生意。中国商人是世界上最好的，也是最正直的生意人之一。一旦达成一笔交易，他绝对会按约行事。对他的邻居——日本人——就不能这么说了。与我谈话的人对英国商号里类似的美德极为欣赏。他们说商品并不像样品一样好的情况，以及类似的抱怨，在德国人和美国人那里远比在英国人那里更常发生。其中一个人告诉我："你们英国人是诚实的商人，但是太骄傲了；你们认为世界上没有人比得上你们自己，并且觉得中国人很肮脏。"另外一个跟我说："英国人因为不愿费事去学中文而丢了很多生意和钱。"

根据所有我观察到的和能了解到的，很明显，商业竞争近来在东方变得更为激烈。如果英国要提高，或者甚至是维持她目前的商业地位，靠以往的积累将不能满足未来的需要。这些沉稳的德国人的到来的确令人讨厌。一般富裕的英国商人在东方的生活是很愉快的。他会很早去赛马场上骑一圈他的赛马，接着来到办公室待到大约 11 点 45 分他去总会的时候。在那儿，喝开胃酒的时候会谈论所有的本地新闻，而且不少生意是在吧台上成交的。接着在一天中重要的社交聚会，午餐期间，他的办公室就关门了，直到两点。之后他回到办公室，在那里呆到晚餐前骑马、打网球，或是在总会里打一局惠斯特牌的时间。所有与当地人的真正生意是通过他的买办经营的。他很少亲自接触他们。我在上海遇到过一些人，老住户，这些人告诉我，他们十多年没有进过当地人的城了。让人吃惊的是，看起来他们对中国人——他们就生活在中国人之中——的真实生活的了解少得惊人。他们聚居在与中国人分开的地方。在香港，有钱的中国人正在山上一些最好的位置建造宫殿般的房屋，并且正在进入专属英国人的一片地区，但是无论怎样他们都没法融入。当布莱克夫人[①]邀请了一些身份不知是妻是妾的中国女士时，部分香港上流社会大为震惊。

很明显，如果我们要跟德国人并驾齐驱，必须要更卖力地工作，要对我们的主顾和他们的语言做比目前更多的研究，还要从我们的政府那里得到像德国政府给予德国商人一样多的帮助。

---

① 当指 1898—1903 年间的香港总督亨利·阿瑟·布莱克的夫人。

第二十一章

反思传教活动　张之洞的建议

这场文明之战的起因部分在于那些毕生致力于宣扬耶稣基督福音的人。如果我们避而不谈，那对这场战争思考，即便是在最浅层的，也都会是不完整的。传教士这个议题非常微妙。在英国和美国有一大批人最敏感的情绪是极其容易被伤害的。我知道这个题目让外交官、政客、高级将领等三缄其口。如果美国国内对于传教士的同情者和支持者不像现在这么声势浩大，我遇到过的一些重要政客和外交官就不会畏于表达他们对此所持的态度。将他们以印刷或其他方式发表的公开言辞，跟你所听到的整个东方的有识之士私下里表达的观点相比较，你会觉得十分有趣。对中国传教事业的观察让我对此有自己坚定的看法。我不用去拉拢任何选民的选票，因而能不受约束地表达这些看法。

我深信，任何普通、公正、有常识的人，通过对证据的研究，都会得出同样的结论。中国传教事业的早期历史明确地说明，中国人对他们的信仰并不是过度偏执的。事实上，他们相当开明地接触了第一批传教士宣讲的教义。聪明的中国人常常谈起，他们对伊斯兰教传教士从未有过如此这般的迫害；对基督教传教士的严重反对和迫害也是从外国侵略后才开始的。

先是传教士，接着是炮艇，再接着是对土地的攫取——这是中国人脑海中的事态演进过程。如果我们想要的就是努力确保基督教传教士被中国人恨之入骨，那当前的事态真算是如愿以偿了。

如果我们同意有“己所不欲，勿施于人”这样的公理，那就将我们在东方的传教士的情况放到英国来看看。假设中国传教士通过某个条约的某项条款进入了英国，但这项条款——顺便说一句，这是不得不提的——却是伪造的。事实上，每个传教士进入中国的通行证上都盖着撒谎者的印章，无法抹去的、外交上空前绝后的欺诈污点。

传教士开始宣扬他陌生的教义了。其中最吸引人的一条是，一旦皈依基督，他们就得到了不受本国法律管辖的豁免。就好比中国传教士在考文特花园[①]劝化的教徒，就在弓街治安法官[②]的管辖范围之外了；发生任何法律纠纷或有过失惩罚，他们将有权让他们的案件在波特兰广场[③]的中国公使代表面前接受审理。

这些教徒被他们不信教的同乡不满的原因之一是，在乡村

① 伦敦考文特花园（Covent Garden），又译为科芬园，名字来自于一座曾经占有这片土地的女修道院。几个世纪以来，考文特花园一直是伦敦主要的蔬果花卉市场。1974 年，原来的市场搬走了，考文特花园地区变成了一座独具特色的购物街区和旅游胜地。

② 伦敦弓街（Bow Street，又译保街）是伦敦治安法庭所在地，考文特花园地区归其管辖。

③ 中国使馆所在地。

的节庆时不参与凑份子。作为基督徒，他们不能捐款，或者说他们不捐款。然而他们一样是观众。入了基督教，实际上给了他们进入相当于我们赛马大会和剧院活动的免费入场券。

如果人们的不满高涨到一定程度，从而导致在某个地方一名传教士被杀害，接下来的便是罚款和惩处，或者对这个国家部分领土的侵占。应当时时谨记，在东方，取人性命比在西方要轻率的多。这是因为在密集的人口中生命如此之多，还是因为根据佛家教义每个人都有来生，我不确定。

许多传教士完全蔑视当地人的习俗。比如，他们选择建造教堂的地点时不管“风水”，一个或许最好译为“运气之神”的词。在那些对中国迷信并不精通的人来说，照顾风水也许显得幼稚和愚昧。因此，我们似乎认为，就像他们无权独自拥有他们自己的国家一样，他们也无权遵守他们传统的习俗。

再比方，在英国的中国传教士也许不会明白，为什么伦敦人要反对在海德公园①或是威斯敏斯特中心一块非常合适的空地建造佛家寺庙。按照类似于我们在中国的传教事业的运作方式，他自然会对波特兰广场感兴趣，而任何类似的反对都会被否决。我们是要把传教士当做我们贪婪的文化之侵略先锋，还是要请我们西方福音的使者回归激励了十二门徒和早期传教士的动机，宣扬上帝“平安与世，善意与人”的教义？我们必须立即明确地回答这个问题。

---

① 海德公园（HYDE PARK）是伦敦最知名的公园，位于伦敦市中心的威斯敏斯特教堂（Westminster Abbey，即西敏寺）地区。

如果我是一名传教士，我不明白为什么我受到迫害就要抗议。一名士兵将受伤和死亡视为日常工作的一部分。即使像我这种难以归类的战地记者，我也不得不经受伴随征战而来的三次疾病，两次受伤。既然士兵理所当然地平静面对死亡，我不明白为什么传教士就不能这么做。换句话说，如果他没准备好这么做，他就配不上他所选定的高尚职业。传教士的职业毫无疑问要高于士兵。我不理解这种思维的混乱。光是在北美被杀害的无助的中国劳工，就比在中国被杀害的所有的欧洲人都多。

另外，每个传教士都宣誓过效忠上帝。上帝说过，他的国不在这世界，而且他赢得世界的口号是“人打你右脸，把左脸也伸给他”。比任何军队的传统都更光荣的是殉教者留下的传统，即不是复仇而是宽恕的传统。

我片刻也没想要暗示，传教士全都失去了激励传道先驱和早期殉道者的精神。在过去一年里，许多传教士失去生命的实例反映了这种精神，其中守卫北堂的修女和牧师就是突出的例子。我觉得不久的将来，这个国家对传教士的迫害可能比以往任何时期都多，因为我认为最近这次远征让外国人比以前更被人憎恨。我们面对的是这样一种形势：如果派出传教士的各国政府不愿中国人制造更多的殉道者，他们必须对进入中国内陆的传教士进行有效保护，否则就必须阻止他们去。事情确实到了这种地步：如果传教工作要安全有效地进行，传教士的住宅和教堂就不得不像我们在南非的碉堡一样设防。

我很吃惊有一种从事传教工作的模式没有被更好的发展。

我是指将年轻的中国人教育成传教士，让他们出去向他们的同胞宣传基督教教义。中国文明是如此复杂的礼仪、习俗和偏见的汇总，因此对他们而言，一般传教士真的就像闯进中国瓷器店的公牛。最有智慧有教养的传教士在这一点上也犯下了许多错误，不用说为数更多的、毫无疑问用心良好但非智慧亦无教养的男女了。中国人不是野蛮人，这一点怎么强调也不为过分，而且必须时时谨记。我们不能像对待南非土著那样对待他们。虽然在政治上与他们打交道时，我们可能会践踏他们的感情，就像士兵沉重的军靴可能会踏平结构复杂的蚁丘，然而在传教工作中要取得任何进展，他们的感情就必须得认真地对待。接受过足够教育、有知识的本土传教士，对自己同胞的感情和偏见感同身受，会以一种不可能期望外人做到的方式来传教。为此训练和教育这些人也许并非易事，但是只要其中一小部分人最后可以胜任，为此付出的努力就必定会得到充分的回报。

在长久以来向他们宣讲的各种基督教形式中，任何一种都没有任命多少中国人为神职人员。这对于传教事业在中国事实上的成功，是绝大的讽刺。除了孩子之外，从社会层面和知识层面上看，似乎只有最底层的成人皈依了基督教。出人意料的是，在传教士以基督教信仰教育的孩子中，也只有很少几个教育到能够胜任神职。

在传教这个问题上，如果我们能从去年的事件中总结出一些教训来，那将是非常有益的。但是到目前为止还没有看到。首先应该采取的实际措施是终止传教士和信徒的治外法权。

我和几个聪明正值的传教士谈论过这个问题。其中一个有在中国传教多年经验的传教士表示,废除了治外法权,他们会丢掉一多半信徒。但是剩下的那部分价值更高,因为他们毫无疑问是真诚的,信教不是出于私心杂念。这也是其他许多传教士的观点。

是否允许女传教士进入内陆有很大争议。女传教士的出现极大地震撼了中国人观念中的行为规范。一个年轻未婚女子不住在父亲家里,那不就是小妾吗?不久的将来中国可能会处于一种极度动荡不安的状态。政府的威望被严重地动摇了,而整个国家是蜂窝形的,有着很多秘密社团。在当前的情绪状态下,政府几乎不可能对边远地区人民的行为负责。如果为了要执行补偿政策和对传教士之死复仇而允许他们深入偏远内地,那将是极大的冒险,除非这是为了侵占土地而将他们当做活饵,就像德国皇帝在胶州做的那样。

在写下这些文字的时候,我看到,据《早报》报道,挺洋派总督张之洞,《中国唯一的希望》[①]的作者,制定了解决传教士问题的方案,发送给中国驻伦敦公使罗丰禄(字稷臣),并请求他将方案提交给英国政府。

他提议任命一个国际委员会,调查并决定传教工作的方式。最近的麻烦,他提到,源于本土皈依基督徒与非基督徒之间的纠纷,为了防止纠纷的反复发生,他建议强制实施下列法规:

① 《劝学篇》的英译名。

“皈依教徒应向地方法官而非传教士提交他们的诉状。修建教堂和房屋之前，传教士应将建造方案提交给官员，以使在教堂、房屋被毁的情况下，不会出现关于财产价值的争议。进入内陆的传教士必须懂得中国语言和文学，并着中式服装。传教团必须在劝化教徒之前调查其品性。禁止传教团体庇护罪犯和臭名昭著的人物。”

除了这些非常合理的建议之外，还有许多其他建议。传教团体为了基督教的利益应当加以考虑。在中国的英国传教士代表着两打以上不同的新教信仰。新教信仰派别之多，以至于在上帝的译名上都不能达成一致，而他们正在宣讲着上帝的教义！那些非新教团体当然自己选择了他们的上帝的名称；此外至少还有六个不同的名称。这些不同的传教团应该召开一个会议，对诸如此类的问题在他们之间达成某种一致，那样岂不是很好？

第二十二章

南下广州　东西刑罚之比较

就在河水冰冻之前，我离开了北京。沿白河异常蜿蜒的河道而下，从通州到天津，我们行经了110多英里长的乡村。河两岸眼光所及之处，到处是这片肥沃土地盛产的各种庄稼的丰收景象。但除了几队逆流拉船的纤夫之外，那里再无任何生命的迹象。穗子已经从高粱的高杆上垂了下来，薄纸一般的印度玉米的外皮在水面上四处漂浮，汇聚在河水与两岸交接的边缘。那些欧洲人觉得陌生的谷类，其橙棕的颜色清楚地说明已经过了收割的时节。沿河棋盘状分布、精心种植的小菜园延伸至河边，软塌塌的发黑的菜叶倒落地面，地表下是成熟了的块茎。这个人烟稠密的国家有无数的村庄。数月前，在那些平静秋日清澈明朗的阳光下，穿行于其中，感觉十分新鲜。短距离内看不出它们的现状，只有常见的树丛掩映下零星露出房舍的棕色土墙。一旦走上村中的街道，你就会看见街道两边屋顶坍塌的房子，破碎的窗户，黑色的灰烬堆中混杂着泥巴屋顶的残骸。街上散落着屋门和破碎家具的残肢断臂，疯长的杂草高高地充斥着菜园，侵入本应堆满金黄色谷物的打谷场和本应是骡子驴子绕圈拉磨的磨坊大石碾的轨道。一两个倒在蓝色破布上的骷髅给这一场景平添了恐怖的一笔:被饿极了的狗啃得那么干净,以致发辫都脱离了头骨。在平底帆船上北上南下的过往士兵,看到这些在河岸边逡巡游荡搜寻食物的狗就会开枪。我在三天之后到达天津。

在此之前,我想我从未见过像在天津街道上所见到的各种军装的集合。在北京,每个国家的士兵或多或少都会被限定在自己的辖区内。除了公使大街上的几个商铺和酒吧,没有多少地方能看到他们混杂在一起。

但是在这里,你会在所有的主街上看到来自各个国家的人。即使是一支军队,军官和士兵的制服都有很多种类。比如法国,他们有四种完全不同的军装。如果再乘以六,你可以想象一条主街会成为怎么样的一个服装万花筒。

这样的行礼肯定前所未见:摸一下帽子、头盔、头巾,或是土耳其毡帽,双脚并拢后跟啪地一响。士兵不仅给自己的军官行礼,也向其他军队的士兵和军官行礼。尤其是德国人、法国人和俄国人,他们毫无分别地彼此行礼。我穿的卡其布套装难以归类,这多少让士兵们感到疑惑。但日本人的礼貌总会让他们对我敬礼。

这种国际大混合的一些影响十分明显,尤其是在英国人和美国人中间。一天晚上,五个英国军官坐在公园的一张椅子上,他们熟悉的一名法国军官走过来,英国军官立刻齐刷刷地站了起来,以几乎德国式的机械风格向他敬礼。他坐下和他们短暂地闲聊了一会儿。离开时,他们又重复了一遍之前的表演。

天津美国士兵的敬礼和我以前所见的十分不同,差不多都是手和上肢漫不经心的敷衍动作,换成语言就是:“这只是我们所做的傻瓜操练中一个该死的怪动作而已。你千万别以为我真把敬礼的对象看作上级,无论怎么看,事实恰恰相反。”

因此他将只比——如果他想比的话——戴着可笑的草帽、像布谷鸟报时钟一样行动的德国哨兵差点。一天早上,美国士兵在我住的那条街上操练,来自各个军队的多组评论家在一边观看。我从未见过美国士兵操练得如此整齐漂亮。要是他们愿意比,他们可以在操练上胜过德国士兵。

有一小群小个子日本兵一直在自己人中间不断地议论,再有就是一群包着头巾的印度兵。德国兵和俄国兵在一旁一言不发,不过他们的观察专注而仔细。

“只消喝一点酒,整个世界都亲近起来。”对俄国沙皇来说,看看天津或者北京开的为数不多的几家酒吧,会比宣读海牙会议的决议更有好处。他会看到他的士兵在跟英国人、美国人和法国人发誓友谊天长地久,仿佛太平盛世终于到来了。在喝到差不多的阶段,语言的不同就成为社交的优势而非障碍,因为每个人都可以喋喋不休地讲自己的语言而不妨碍别人。爱国的祝酒词不时打断喝酒的进程。德国兵会喊“我军万岁”,法国兵则喊“向英国女皇致敬”。“向你们荣耀的皇帝致敬!”这是我们英国兵了。他们会一视同仁地为每一句祝酒词举杯。有一天我看到,一个六英尺多高、刚刚被酒精和仁爱填满了的大个子美国兵从一间酒吧里出来,一个小个子日本哨兵正站在隔壁房门外,突如其来的冲动让那个美国兵把日本兵像小孩一样举了起来，并吻了一下。那一刻我以为日本兵的愤怒将立刻引发一场流血事件——事实是没有。那个日本哨兵的脸上反而绽放出快活的日式微笑。

天津有流言说，香港正在爆发一场可怕的起义[①]。像在中国的所有流言一样，我发现对事态的报道被大大地夸张了。为了有机会看看作战中的中国军队会是什么样子，我很想进入镇压这场起义的中国部队。

为了这个目的我旅行至香港。虽然我知道这个港口巨大的商业重要性，却始料未及地发现它是如此美丽的一座城市。从海港水面升起的树木葱郁的群山山坡上，建满了宏伟坚固、有着富丽堂皇的柱廊的房子，让人深刻意识到这座东方迦太基的重要性。

没什么能比访问广州更让你理解人口稠密这个概念了。他们居然可以如此密集地生活在一起，真让人不可思议。你脑中会浮出这样的想法：如果某个西方势力占有了它，监管治理这样一座城市是不可能的。那时人们似乎认定法国人将这么做。

---

① 应指孙中山领导的惠州起义。1900 年 10 月，当北方义和团运动全面展开、八国联军武装入侵之时，孙中山觉得有机可乘，亲自率领一部分兴中会会员到香港部署起义。但由于港英当局阻止，无法登岸，便改在船上开会，决定以广东省新安县的绿林和嘉应州三合会为主力，在惠州三洲田山寨起义，让郑士良负责指挥，孙中山自己到台湾设法接济。起义军屡败清军，并很快发展到 2 万多人，准备打到厦门去迎接孙中山及他在日本订购的军火。这时，日本新任首相伊藤博文突然改变了对华政策，下令禁止日本军火出口，并不准孙中山等革命党人在台湾活动。起义军血战半个多月，弹药已尽，只好按照孙中山的指示，将大部分起义军解散，部分逃避香港。

冯·瓦德西伯爵视察俄国军队

广州有一批名副其实的浮动人口，也就是漂居在船上而没有任何陆地居所的人口。我在抵达时租了一顶轿，雇了一个向导，然后进入了这个城市。

入城之后不久，走上了城中最好的街道，精美的商铺沿街排列。为了让另一顶正接近我的轿子过去，我们不得不停下来避向街道的一边。

一队奇怪的行列走在另外一顶轿子之前。首先是大约12个身着红色制服的年轻男孩，很脏很不体面（我是指男孩和制服）；接着是一些警卫和几名士兵或仆人，骑着非常矮小的矮种马；再接着是一些不停地吹喇叭打鼓的人——我想他们是使者——上天的使者。

那顶轿经过时碰到了我的轿。一个五官端正、目光锐利、额头宽阔的老绅士透过轿上的黑纱窗仔细地看了看我。队列过去之后，我询问我的向导，他告诉我是一个法官前往附近的审判庭。

虽然他向我暗示，我恐怕并不是个受欢迎的参观者，我还是让他跟上。在狭窄的街道中，我们有些吃力地调转了轿子的方向。抵达审判庭时，那官员已经进去了。审判庭是一栋很大的建筑，大门入口照例有石狮装饰。

我们在进入时费了些力气，入口挤满了肮脏恶臭的乌合之众。审判庭是很大的一间厅堂，最里头稍稍高出地面的平台上有一张长桌，那位官员就坐在那里。我进入时他正预备要擦一副玳瑁边的眼睛。

穿着制服的护卫或是仆人，在他身后排成一排。在他两侧显然是几个审判庭的文书。一个像是重要人物的、极为肥胖的老家伙，大概是审判庭的引领员吧，走上来开始对我喋喋不休地讲起来。他的脸大概距离我的脸三英寸，我直觉得恶心。

我把他交给我的翻译去对付。我让翻译告诉他，我只是个从英国来的、希望参观一下他令人崇敬的审判庭的游客，而且在我的国家我自己也是裁判（偶尔在划船比赛中）。

他们谈了很久一会儿。那个传讯员将乌合之众推开，形成一个半圆圈，给了我一个前面的位置；给他的长官在前面留出了一块空地。

罪犯跪在地上，手被紧紧地反绑在背后。他是个消瘦、非常单薄的男人，大概45到50岁，脸上一副惊恐不安的神色。

他的目光不停地在法官和证人身上转换，然后在大厅四处投下短暂畏缩的一瞥，就像一头被捕获的野兽的目光。总的看起来，他让人想起猎犬对着它直叫的、笼子里的老鼠。

他因偷火药而受审，但是我无法从我的翻译那里完全弄清这是否与刚镇压了的起义有任何关联。很多证人被传讯，每个人被带进来的时候都向那官员叩头，并跪着接受质询。

如果能够听得懂询问，一定很有意思。那高官在各个方面都显得对他的工作极为精明老道。作为裁决者他讲话平静，有时候显然恰恰诱出了不愿给出的回答。但是有一两次，他像爱尔兰皇家检察官那样大发雷霆，不得不让我想起在鲍尔福[①]的紧急治安法统治下以“屠夫彼得”著称的司法界名人。

审讯沉闷地拖沓延续着，不过观众似乎兴趣不减。翻译告诉我，这个犯人肯定会被判有罪；而不管是什么样的刑罚都会在判决宣布之后立即施行。厅内的空气很糟糕，就像在令人不适的闷热天气里一样厚重——即便是在户外。

就在我即将要受不了的时候，我被告知说法官就要宣布判决了。他讲了一阵子——我推测是在作案情总结。这期间那个犯人很值得研究。他的眼睛牢牢盯住法官，嘴唇干涩并张开着，呼吸短促。

忽然间他爆发出的一声极为刺耳的尖叫，就像某种动物惊恐的长啸，让我简直跳了起来。兵卒马上将他打倒拖走，就我所能看到的，主要是抓着他的发辫拖行，拖到隔壁的院子里。他一路都在嚎叫挣扎。

厅上的人群挤挤撞撞地冲向那个院子。院子正中有一条粗重的横梁，由两根牢固的直柱支撑着。横梁之下，兵卒，或者该叫行刑官，在和尖叫挣扎的犯人较量。激动的人群继续往中间涌，卫兵们很难让他们退后。

---

①　指阿瑟·鲍尔福（Arthur James Balfour，1848—1930），曾任英国枢密大臣。

很快就知道刑罚是什么了。绳子经过横梁上的滑轮，由几个肌肉发达的赤膊士卒拉着。那个犯人，仍在挣扎尖叫着，大拇指、大脚趾和发辫被绑起来吊在空中。除了他的蓝色短裤，所有衣服都被脱光。我的翻译讲解说，他被判在那里吊一个小时，受 17 次杖打。

即便没有杖打，这刑罚看来也相当痛苦了。他的脑袋被发辫拉向后面，淋漓的大汗让他的身体油光发亮。

不久一个彪形大汉——我得知他才是行刑官——手持一根笞杖出现了。他往手上吐了口吐沫，将笞杖在空中预备性地挥了两下。从他打在罪犯背上的第一下就看得出，他对职责的履行绝不会是敷衍了事的，那一下就留下了一条严重的伤痕。那个可怜人嚎叫得比任何时候都要厉害，持续不断又急促不清地苦苦哀求。

对于中国人可以怎样坚毅地忍受疼痛，我听说过很多。显然他不是其中的典范，而是具备了最卑屈的懦夫的所有特征。17 下还没打完一半，血就渗了出来。

执行判决时也在场的那位官员，冷漠地在一旁观看，没有表现出任何围观者脸上显露出的强烈兴趣或欣赏。杖打隔一段时间才来一下。我没等到行完刑就走了，因为整个场景加上各种气味和高温结合在一起，让人觉得恶心。

对最底层的中国人来说，仅仅坐牢是毫无作用的，因此必须采用更严厉的刑罚。我想，偶尔来一次这样的处罚，对我们贫民窟里打老婆的野蛮人也将会起到好的教育作用。

以下是我认为东方人比我们更优越的另一个例子。如果一个人被判蓄意犯下重罪，我们这里的最高刑罚是无痛死刑，轻一点是监禁在一个叫做监狱的政府旅馆里，由社会每年花 35

英镑养活着。他无忧无虑，通常都享用到平时习惯了的好食物和好住处，然后身上带着模糊却无法抹去的有罪的印记离开旅馆；在中国，他得为所犯的罪而受罪——这种罪伤人之极，令人不敢再生犯法之心。

前几天我看到一个这种旅馆式监狱生活对一些常客之影响的事例。一个老妇在长期监禁后，因为拒绝离开而不得不被强制驱逐。她最后是被监狱看守赶了出去，可她对他们的临别致敬是："好吧，我的孩子们，我会很快再回来的。"

在狱外，她走上最近的一条街，故意用一双在一家店铺柜台上偷来的靴子打碎了那家店铺的橱窗玻璃。几天之内她就再次享受上了由政府付费的新一期监禁。

不是罪犯的人从人道主义的角度出发来考虑该如何对待罪犯的问题，这很好。有些类型的犯罪是不适合用东方方式来处理的。但是，总的来看，我认为东方让罪犯经受皮肉之苦的刑罚比我们西方的刑罚更适用于蓄意的暴力犯罪。

人们有这样一种倾向——由于中国人施行的某些刑罚而总结出他们真是残忍的人种的观点。而实情完全相反。

中国人眼中最恶劣的罪行是弑父杀母，相应地，对此会施以最严酷的刑罚。这种刑罚称为凌迟。行刑时将犯人身上的肉一片一片割下来，直至其死去。

在西方，如果一个人有预谋地杀害自己的父母亲，他会被无痛处死：在美国是电刑，在我们国家是绞刑，在欧洲一些国家他甚至根本就不会被处死，而是接受政府的终生供养。那个杀害奥地利皇帝的卑鄙的狂热分子就是个例子①。有人也许会认为单独监禁比绞刑、斩刑、电刑要严酷得多。这在对付敏感或容易紧张的人时或许不错，但我怀疑对心理正常的普通罪犯是否也一样有效。

在我看来，东方方式极其优越。如果那些热衷于刺杀君主的无政府主义者，预见到将来的处罚会是从他们的胸膛、大腿前侧、手臂、小腿上，接连割下一小片一小片精细多汁的肉，而且要持续半个小时，他才能因死亡而得到解脱，我怀疑他们是否还会敏捷地扣动左轮手枪的扳机，或是挥动他们的匕首。我们，用我们伪善的人道，在对罪犯展现我们的仁慈时，却展现了对受害者的残忍。拿起任何一份报纸，我们都会看到伦敦东区有几个暴徒和恶棍，因为暴打或虐待他们的妻子被判多日监禁。就凭他们是惯犯这样一个事实就说明了，我们的刑罚是多么的不合适和缺少威慑力！

如果把一些定了罪的贵族，捆着绑上拇指脚趾吊起来，同时加以杖打，一直打到他们尖叫哀号，把恐惧打入他们懦弱的灵魂，从而快速有效地将他们从惯犯至少转变成偶犯，以此来代替 14 天或者一个月的监禁，这对他们的受害者来说，难道不是更仁慈吗？每个理智的人都会同意吧。

很多人对中国人和他们的行为方式不是嘲笑就是嗤之以鼻；但是他们的社会历史比我们古老得多，这些社会经验的结果是不应该因为跟我们的不一样就遭到嘲笑或嗤之以鼻的。

---

① 1882 年在里雅斯特发生了意大利民族统一主义分子企图刺杀奥地利皇帝弗朗茨·约瑟夫一世的事件，行刺者古列尔莫·奥贝丹（Guglielmo Oberdan）被处以绞刑。

第二十三章

联军撤离中国但中国并未平静 采访孙中山

联军士兵从中国撤退了。探讨一下他们离开的这个国家目前的状态，应该很有必要。中国是一个长期处于变革中的国家。不管什么时候，在这个庞大帝国的某个部分一般总有一场变革正在进行之中。

去年9月广州附近发生了起义，却因北京近郊的战事更加轰动而未引起关注。然而它却是非常值得注意的——它所预示的比其领导者取得的成就更让人感兴趣。中国政府内有大批渴望革新的人士。这些革新派中的许多人认为，只有推翻当前的清王朝，他们的抱负才能得以实现。

去年9月的起义是由持这种观点的人士发动的。读者们应该还记得，几年前有一个名叫孙中山的中国人在伦敦的大街上被神秘逮捕，带入位于波特兰街的中国公使馆，在那儿被囚禁了数日。与此同时，逮捕他的人租下了一艘轮船，停在泰晤士河上准备运他回中国。他们打算以他疯了为由把他送回去。他在伦敦学医。很幸运，他成功地把一条消息从公使馆传给了外面一个医学界的朋友。这位朋友将他被关押囚禁的事呈报外交大臣索尔兹伯里。索尔兹伯里随即强烈要求将其释放。

接下来的事件证明了中国人早就知道,他除了学医之外还在学习其他的东西。他,正是去年9月起义的领导人。

由于在北方有对南方叛乱规模的夸张报道,为了见识一下中国人打仗——不论是起义军一方还是朝廷军队一方,我南下广东。但是,抵达广东时,我发现起义骤然之间失败,所有的造反者都回家了。我看到了朝廷军队和他们的古怪装备。他们的武器由最新式的步枪和野战炮与几个世纪前的弓箭混合组成。我看到他们骑在飞奔的马背上对着标靶练习箭术,对此他们显然和对练习步枪一样感兴趣。如果我们考虑到中国的武将是通过了对他们运用弓箭的熟练和对孔子时代兵法的熟知程度之考核的人,这就不足为奇了。通过我在这里看到的中国士兵以及一般的中国人,我得出一个结论,中国人能够被塑造成一名优秀的士兵。他们学任何东西都很快,又服从、坚强,极度耐劳、耐酷暑或严寒,而且生活极为简单。他们有极大的特殊优势,能将手与触觉结合得恰到好处,这让他可以轻松地操纵我们的新式杀人武器中最需要技巧的装置。

但是除非有能够训练和指挥他们的将领,这些素质全都无法得以发挥利用。他们现在将领的气质和资质都不够标准。他们的资质是老式的,已经不合时宜了,他们的气质是学者而非战士,更别提是战士的领袖了。如果经过正确的训练、教导和指挥,中国人可以成为完全不一样的士兵。

在广东我没有见到孙中山,却在日本与他不期而遇。他在那里避难,用了一个日本名字。打探到他的地址后,我写信给他要求采访,随后收到了一封用熟练英文写就的礼貌回信。

那晚我准时赴约。他住在横滨的中国区。费了些周折，我在迷宫般的街道上找到了他住的房子。那是条漆黑的街道，他住的房前没有灯。我敲门之后，一个高个子的年轻中国人让我进去，引我走过一条黑暗的通道，然后打开一扇门，门后的房间灯火通明。

一位身穿欧式服装、衣着考究、干净整洁的年轻人快速走上前来，伸手迎接我。起初几乎看不出他是中国人。他行动敏捷，握手热情有力——不过还是只将我的手东方式地稍稍握了片刻。他的英语讲得几近完美，有一点轻微的美国口音，那是因为他在美国待过很多年，而在英国只待了一年。

屋子中央的桌上摆满了书和文章，墙边也排满了书和地图。主要是英文书，间有几本法文的。所有的书都是讲战争或与战争相关的。

凯里的《基本战术》[①]，布洛克著作的最新版[②]，某人关于炸药的著作，弗朗哥——普鲁士战争史，还有大量新出的关于南非战争的书。这是一座绝好的军事文献图书馆。他很坦率地谈起了他最近的这场战争，并且取下一副地图，给我讲解了战事历程。在准备妥善之前，他的一些追随者就仓促发动了起

① 原文是：Carey on Minor Tactics，人名、书名都不全。从上下文看，应是一本军事著作。西文 Infantry Minor Tactics，指以班、排、连为单位的基本战术。

② 原文没有更详细的信息，可能是指布洛克（Block，Maurice）的《欧洲政治与社会》（L'Europe politique et sociale），1869 年巴黎初版，1892 年出新版。

义。开始只有 300 名武器落后的士兵，但从朝廷军队缴获了很多武器和弹药。他们在 20 天内赢了六场战斗，占领了五座城镇，部队也增加到两千士兵。接下来他们发现自己已无弹药可用。原定来自日本的弹药没有到。

他没有亲自领导那次起义，而是在筹备一个邻近地区的起义。指挥那场起义的朋友决定，既然已经弹尽粮绝，那么除了解散队伍把士兵遣散回乡之外，别无他法。

“如果我亲自领导，即便到了那种地步也不会解散他们。”孙中山说。

论及起义的最终目标，我们的谈话更为有趣。他的雄心是以 30 年前日本变革的相同方式，将中国进行彻底变革——用他自己的话来说，就是将中国“日本化”。他坚信，除非推翻这个王朝、罢免现任皇帝，否则不可能成功。虽然他承认，此前一段时间皇帝显露出的对改革的渴望。他认为光绪受到太多阻力，太过软弱。像他那样被保守势力包围，改革永远不可能取得任何成就。他担心，即使慈禧太后强大的影响被消除——那些保守势力就汇聚在她的周围——也于事无补。一个专制君主变成的改革家容易激进。按照孙中山的说法，这位年轻的皇帝犯下的正是这种错误。

我问他人民是否支持变革。他答道，他们会支持的，只要变革是由合理的权威——他们自己的领袖来决定、推动和指挥的。那样的话，变革将像在日本发生的那样迅速开展。

这时他的语气变得不容置疑起来，带着绝对的自信。他激动地在房中来回踱步，描述起变革之后的人民。

“他们比日本人聪明得多，”他断言。“他们有更高层次的智慧；他们学得很快；他们强壮有力，而且在艺术气质的高雅细腻和创造性上还更为出色。”

他突然停下脚步，缓慢有力地补充道：“日本人 30 年取得的成就，中国人只要 15 年就可以实现。”

我向他指出，如果中国人真的这么善于学习，他们富有的国家里工业发展的速度果真和日本一样快，那么来自中国的贸易竞争对欧洲贸易将会是一个巨大的威胁。

“噢，不，”他回答道。“那是误解，或者说你的这种看法至少是偏激的。你肯定知道，这样的工业发展结果也将意味着中国人民生活标准的快速提升。生活标准的提升将会带来生活成本的增加，而生活成本的增加会使产品成本的增加也成为必然。因此，中国生产商将无法在任何令人担忧或造成灾难性的程度上，以低于世界其他国家的价格出售商品。”

“你肯定知道，”他进一步指出，“较为富有的中国阶层，以及不那么富有的所有阶层，都是十分重视家庭生活的惬意的。他们是一个自给自足、自食其力的民族。中华帝国出产中华人民需要的一切物品。他们不希望外国贸易强加给他们，同样也并不渴望将他们的物品强加给外国人民。没有军事黄祸，同样也没有工业黄祸，除非出于保卫自己生命的必要，军事改革才应该强行实施，从而兵役法应该强制施行，就像在法国和德国那样。但是中国人民是一个热爱田园生活、热爱和平的勤劳民族，他们憎恨战争和军国主义。”

孙中山似乎在富有的年轻中国人中有大批持同情和支持

态度的追随者,其中大部分在美国和欧洲接受过教育。他们在财政上或其他方面的支持是“偷偷”进行的,因为国外的教育和经历激发了他们变革势在必行的观点,然而公开表明自己观点的时机还没有成熟。

当被问到如果当前的王朝被推翻,他会以什么体制来取代,他说他们更倾向共和体制。就像他指出的那样,中国已经有了一个完善的民主政体的所有机制。从实用角度来看,中国已经是民主政体了:从省一级的督、抚,其下的知府,直到中国乡村的头脑。世界上有什么体制比科举考试这个庞大系统更加民主?这个系统让全国最穷的乡下人也能够通过自己才智上的努力获得政府的最高职位。

孙中山远未因起义的结局而气馁。他说他和他的朋友们对于起义军可以如此轻易地击败朝廷军队,并截获他们的武器和弹药,感到非常高兴并充满信心。在这场20天的战争中,他们完全靠的是截获的武器弹药。他丝毫没有隐瞒,一旦时机成熟,他会再次尝试。他对结局的唯一担忧是,一些欧洲势力或许会介入并站在清廷一方。

中国的和平前景,首先受到孙中山一类的革命者的威胁,还更大程度地受到义和拳的威胁。实际上,就和平前景而言,这个国家比在欧洲人入侵之前更不平静。我认为对外国人的愤怒只是在等待合适的时机爆发。一旦联军撤离,它会比以往更为激烈地爆发。他们已经在全中国到处张贴布告,描述中国皇帝如何限“外国鬼子”一个月之内离开中国,违者将会被赶下大海。布告上绘着外国人被中国人赶下大海里的画面。这些布告肯定只会在最低和最愚昧的阶层中产生影响，但是毫无疑问，对于所有的阶层，最近的这次入侵都极大地加剧了对外国人的民族仇恨。联军中大批士兵的行为应该为遍及整个中国北部的这种情绪负责。稍聪明些的人不会信义和团布告上的那些声明，但北京和紫禁城被占领的事实无疑影响了当朝皇帝和清王朝的权力与威信。

去年此时，我因病从南非回过，每次公开声称我认为南非战争直到下个圣诞节才会结束，都会被嘲笑。我推断，大约有1万异常顽强的布尔人会顽强地奋战到打完最后一颗子弹。

现在，根据我从中国人的了解，我完全相信，这个国家非但没有平静，反而会有更大的动乱，由虽然愚昧或盲目狂热、但却被最纯粹的爱国之情驱使着的义和团制造的动乱。“中国是中国人的中国”就是他们最根本的动力；来自外国的祸害只有加剧对外国人的仇恨。联军留下的从北京、保定府到渤海的战争轨迹，与被洗劫的城镇、被烧毁的村庄、被亵渎的庙宇，和被侵犯的圣地一起，被留下来助长他们的怒火，让他们更加仇恨外国鬼子，并更加蔑视他们的信仰。

第二十四章

东西方文明之比较

何谓蛮夷？在我们看到的许多中文告示中，这个词总是用在那些天朝以外的人和非中国人身上。日本人因为有教养，一般不会用这个词。但是我曾和一个日本艺术家谈话，在谈到欧洲的艺术风格时他用了一个相当于蛮夷的词。生而自由的普通英国人，随身带着——或者说应该随身带着——他的《圣经》和对巴斯啤酒与牛排的嗜好周游世界。如果一个国家没有这些必需品，并且它的文明性质与他的完美标准相去甚远，那么他就会或多或少将此国的国民视为蛮夷（有一次我在东京观看一出戏剧，剧中的恶棍是一个留着红胡须、身穿花哨横条礼服的英国人。他每次在舞台上出现时身边都会有一打巴斯啤酒瓶。我觉得这相当好笑）。如果我们记得，英国人因为他们海峡对岸的邻居牛排不够好而多么鄙视他们，当他们接触到一更为陌生和遥远的文化，就像中国和日本的文化时，这种感觉更为强烈，就不足为奇了。只需平心静气的观察和一点点智慧上的灵活性，人们就能得出优势并不完全在我们这边、东方大可派遣社交传教士到西方的结论。我认为在社交方面，我们要向他们学习的，远远多过他们可以向我们学习的。而且，十分奇妙，这样的传教一旦开始，那将不是教授我们全新的东西，而是从许多方面使我们恢复到在过去几百年物质文明的猛烈冲击下，我们急速脱离的阶段。

东方文明的核心观念、社会价值和生活中心在于他们的家庭。家是他们生存的重心，其他一切将围绕它旋转。家庭观念在中国是社会生活、宗教信仰和政治制度最有生命力、最普遍的中心观念。一个家庭的生命不只活在当下，而是既辉映着光荣的过去，又孕育着辉煌的未来。

对我们来说，过去已经埋葬，我们放在新坟上的鲜花早就枯萎了——除非是那些精致而冰冷的锡做的防水假花，那也是为了省去哀悼者重新换花的麻烦。

至于中国人和日本人对他们孩子的爱，你必须看到才能相信。那些长着聪慧双目的小孩儿，在他们会走路之前整天都会待在妈妈背上。对父母来说，他们是无穷的快乐和爱之源泉。因此你不会奇怪，他们不会像其他孩子一样哭闹。在日本的两个月中，我记得只有一次听到小孩哭，而他伤心地哭泣情有可原:他妈妈用一把钝剃刀理他的小脑袋，而且没用肥皂。对家庭生活的崇拜在消退，这对所有西方文明下的学生来说肯定是显而易见的。将孩子和父母连在一起的纽带和责任明显地松懈了，在我们时代的物质发展中领先的国家里，这点更为明显。

例如美国。父亲开始变得越来越被视为仅仅是赚钱机器。儿女要脱离父母的纽带为自己从头打拼。父母不会为子女承担多少责任，就像子女不会为父母晚年的生活开销和幸福承担多少责任一样。

任何熟悉伦敦东区生活的人都会明白，当贫苦的劳动者上了年纪不能再工作时，他们几乎不能指望自己的孩子不让他们住养老院。了解基督教近两千年发展史的人不会奇怪，为什么不久之前现任教皇以他苍老的声音，高声召唤西方重新关注家庭观念日益淡薄的问题，就像利奥十三世[①]就神圣家庭而发教皇通谕中所呼吁的那样。

从更为重要的关于家庭生活的教义出发，这些东方传教士接下来或许会尽力向我们展示东方艺术，和更重要的赋予了艺术家活力的精神。在他们那里，"为艺术而艺术"并不是一句空话。中国画家作画不会考虑如何卖钱，而是为了自己的兴趣。他们将自己的作品当做礼物送给朋友；就像英国女子不会考虑去卖吻一样，他们也不会考虑去卖画。得知这些情况，西方人无疑会感到吃惊。

日本人会教导我们，将画——并且是最精美的画——画在日常生活用具上，丝毫不会降低艺术家的身份。关于鲜花的培育以及对鲜花的热爱，他们也会有很多东西可以教给我们。这种热爱在最贫穷的农夫也仿佛是本能，在更有教养的阶层中则被提升到一种优雅的细腻程度。日本的香道几乎意味着西方忽略了对五种感官中嗅觉的培养。在香会上，有着柔和芳香的各种香木被依次传递，它的趣味在于依据它们散发的香气来辨识不同香的种类。

前几天在卡尔顿酒店的一次晚餐中，我抑制不住地想，对

① Leo XIII，第102位教皇，公元1878年到1903年在位。

于这种社交集会的乐趣，他们有多少东西可以教给我们啊！到处充斥着盘子和刀叉叮叮当当的响声，一群没规矩的侍者乱哄哄地冲来撞去，耀眼的灯光照亮了粗俗的装饰物，你得向桌子对面喊话对方才能听得到，同时外面的乐队徒劳地努力要压过里面的嘈杂。那儿有鲜花，这不假，但它们的香气代替不了插花的艺术性。被东方人恰如其分地视为享受社交餐宴必不可少的宁静祥和，这里完全没有。日本将消遣提升到艺术的境界。我们将他们的茶道蹩脚地翻译成“茶之汤”，其实应该更贴切地翻译为“欢迎与好客的艺术”。茶道是让日本类似卡尔顿酒店的餐厅不会公然流于俗艳的华美，并且继续保持日本艺术特有的那种纯朴风格的诸多因素之一。他们认为，5 个人是一场晚宴最理想的人数，再多就容易形成不同的谈话圈子。日本绅士有为这种聚会特意建造的房间，大小刚好容纳他的宾客。一轴画卷挂在正中，前面是一件装饰，其后是一枝花。装饰繁多会干扰或分散注意力，在他们看来就是没品位。

一次一位日本女士给我看了一张桑德灵汉姆宫①画室的照片，她觉得十分有趣，当做一个稀罕玩意儿保存着。她太有教养了，因此不会说是一件蛮夷的稀罕玩意儿。但她大笑着说：“这不就像一个古玩铺吗？”

晚餐实际上多在饮茶之前进行。主人亲自侍应，从而排除了仆人的打扰，即使那些仆人灵巧而安静。一杯一碟都是独立的艺术品，来自存放着主人艺术珍宝、连他的密友都不得进入

---

① 位于英格兰东部诺福克的皇家别墅。

的密室。他们大概从未见到同一幅画或是同一件装饰品出现过两次。古老的铜锣一响，就餐开始，按部就班，直到饮茶的精美茶杯被传递鉴赏一遍。整个过程笼罩着优雅的宁静氛围。

这些社交传教士也许先就这些事情给我们启蒙，再发展到介绍另一种无疑会对我们的文明有利的习俗。我是指艺伎。如果他们成功，西方版本的艺伎或许会是这样：一个牛津或剑桥来的单身男子，或者一个利物浦或曼彻斯特来的商人，如果他不愿意孤独地在会所里吃晚餐，而是希望在活泼女性的陪伴下得到放松，他可以拿起电话，拨通“艺伎有限公司”，告诉他们他想找一个或是几个艺伎今晚陪他吃饭。过不了多久，在指定的餐厅就会出现一个有着淑女衣着、容貌和举止的女孩子。不管她的容貌如何、有什么样的魅力，她肯定会是快乐、聪慧、有礼的，而且最重要的是，让人愉快的。使人愉快是她的工作，她的职业，她存在的理由。对日本这一习俗人们的认识通常是错误的。事实上她们并非人皆可妻。我们对日本女性的观念过多地建立在假日旅行者的有限经验之上，或是从皮埃尔·洛蒂的《菊子夫人》[①]那种低级品味的书来。我们不会根据莱斯特广场[②]上的女人来评价英国女人，也不会根据“红磨坊”[③]的女人来评价法国女人。这些艺伎多才多艺，以器乐和声乐最为突出。把音乐和歌声送到你面前，要比你外出听音乐和歌唱优雅

---

① 皮埃尔·洛蒂(Pierre Loti)该书讲的是一法国海军军官随舰来到日本长崎，按当地习俗，把菊子姑娘“租”来当临时妻子的故事。

② Leicester Square，位于英国伦敦西区(West End)的著名的娱乐场所。

③ 巴黎著名的夜总会。

舒服得多。男人的饮宴不会因为之后要去音乐厅而被迫终止。他们可以从菜单上订购音乐。

但是除了引介这样的习俗，这些东方传教士还要花力气提升顾客的品位，让他们能够在享受的过程中领略日本式的愉悦。对那些有胆量、但不知该怎么对待我们的姑娘者，我将义务赐教！

但是对于中国人所谓的“面子”观念，东方人并没多少要教给我们的。和东方人一样，保存“脸面”几乎渗透到我们日常生活的各个方面。谢天谢地，它没有也渗透到我们的宗教生活中去！我们最近的十字军远征，一定让中国人对这一点印象深刻！前几天，我在听一位绅士指责“包围着那些异教蛮夷的愚昧”时，想到的却是另外一种愚昧和无知，它让这位演讲者和他的许多同类丝毫也看不到东方之光的闪亮。其实，并不需要以手遮阴才能让我们智慧之眼看出“光自东方来”[①]的。

① 这是一句古老的格言，ex oriente lux，光明来自东方。

第二十五章

结束语

我们与东方的交往,从始至终是一部争“面子”的历史。我们与中国人的整个交往既不诚实、认真,也不体面。只有“下三烂”这个俚语可以形容我们的伪善行为。我们是否唬住了他们,这还不清楚。我个人认为没有。中国人有一种极为人性、理智、公平地看待事物的方式。他们是公认的做生意绝对诚实的人。他们的心中的是非是一清二楚的。

如今在我看来,过去一年所发生的事件毫无疑问成为我们交往史的高潮。广东总督在1847年就讲过:“欲使华洋和平共处,不得违背天理人情。”就中国和列强的和平共处而言,现在我们就违背了“天理人情”。我们不宣而战,攻占了他们的堡垒;我们(我是指联军整体的行动)通过屠杀一船无助的苦力发起了一场战争;然后我们穿越他们的国土直到首都,置海牙会议制定的文明战争的一切规则和惯例而不顾。我们亵渎了他们的庙宇和圣殿,我们强暴了他们的妇女,致使数以千计的女子因极度愤怒绝望而自杀。我们派出队伍在北京周围四处劫掠。最终,我们不是只向真凶,而是向全部守法的中国百姓——他们跟对外国人的暴行毫不相干,向那些其总督对我们极为友好的省份的百姓,强加了难以承担的赔偿重负。西方野蛮侵犯东方的丑恶历史因此达到了高潮。

它会到此就为止了吗?不会。“文明的交锋”才刚刚开始。这部历史的一章才刚被联军血淋淋的刺刀裁开。根植于这个讲理的民族心中的“人情”、“天理”当中,也包括了赔偿与复仇。那又会怎么样呢?在中国,我们都听说过改良党。不管他们目前如何,因为有了去年跟西方人交手的经验,他们一定会更快地行动。他们被迫接受的教训所产生的第一个后果将会是,拿起西方的武器,开始像日本人那样学会使用它们。

我认为中国永远不会成为一个侵略性的强国。但是她绝对有能力像日本一样有效地保卫自己。事实上她比日本更有理由成为一个独立而自足的强国,因为她自身就拥有其人民的精神生活和物质生活所必需的一切。

自彼得大帝的访华使团[①]之后,再也没有任何使团受到过那种慷慨的款待。但是中国对彼得的贸易交流跟对我们的一样没有兴趣。沙皇派去的商队满载而去,扫兴而归。他们说:“贸易不受欢迎,甚至遭到蔑视。”自此之后的西方贸易是强加给中国人的。

---

① 彼得大帝是后世对沙皇彼得一世的尊称。彼得一世(1672—1725),原名彼得·阿列克谢耶维奇·罗曼诺夫,俄国罗曼诺夫王朝第四代沙皇(1682—1725)。1719年,彼得大帝派禁卫军上尉伊兹马依洛夫为特使,带领80多人的使团来华,谋求缔结通商条约。他们在北京逗留了三个多月,被康熙帝召见十多次,也跟中国官员会谈多次,受到很好的接待,也满足了一部分要求,但没有签约。

根据最近的一道上谕，他们未来改革主要努力的方向是军队。在他们必须得向我们学习的东西之中，这是首要之举。一旦这个人口大国将他们的军队规模按欧洲国家的人口比例组建起来，那么他们将会第一次终于能够抵抗其他国家，从而实现"中国是中国人的中国"，就像日本人在日本成功地做到的那样。他们将"屈尊俯就"征服者，即把自己降低到我们西方文明的屠夫水平，并抵抗我们到底。邻邦日本给他们做了一个出色的榜样。那帮精明的小个子日本人学会了我们不得不教的一切，如今只要他们觉得合适，就会赶走老师。我们可以在他们的每个大商业项目上看到这一点。他们把老师物尽其用之后，就像世界第四大汽船公司日本水产株式会社那样，赶走了英格兰和苏格兰人，为日本人腾出地方。

日本人小规模地做到的事情，中国人用心要做的话，可以大规模地做到。那时，这个见证了埃及、亚述、巴比伦、希腊和罗马兴衰的国家，将能傲然面对西方的挑战。

附 录

当我还是个学校里的小男孩时，班上有个家伙很为标点符号所困扰。有天他完成了一篇英文短文，在文章下面写下一排逗号、分号和句号，以及一个注释，大意是老师可以按需选用这些标点。这篇附录也一样。写完此书之后，我认为它并不怎么好，但也不是太差——在某些方面。如果读者按需选用附录里的片段，正文的有些地方可能会有所改善。

一、中国有代表与欧洲各国一起出席了海牙会议①，当时下列法规与其他法规一起被拟定并通过：

- 第四十七条：应正式禁止抢劫。
- 第四十六条：家庭的荣誉和权利、个人的生命和私有财产以及宗教信仰和活动，应受到尊重。私有财产不得没收。
- 第二十八条：禁止抢劫，即使是以突击攻下的城镇或地方。

① 海牙和平会议，亦称海牙会议，中文中也称世界保和大会或万国和平会议。第一次会议于 1899 年 5 月 18 日到 6 月 29 日举行，参加的有中、俄、英、法、美、日等 26 国。第二次会议于 1907 年 6 月 15 日到 10 月 18 日举行，参加的有 44 国，包括第一次会议的全体参加国。两次会议通过的 13 个公约和 3 个宣言，合称“海牙公约”。

但是最近在中国的这场战争史上，充满了联军的每支军队以大小不一的程度违犯这些法规的记录。日本或许违犯得最少。很难确定是法国、俄国还是德国违犯得最为严重。

德国人抢走了于17世纪竖立在北京城墙上的天文仪器。这种肆意破坏公物的行为直接违犯了《陆战法规和惯例公约》第五十六条。

海牙会议参加者一致同意："社会财产，包括宗教、慈善、教育、艺术和科学机构的财产，即使是国家所有，也应作为私有财产对待。对这些机构、历史性建筑物、艺术和科学作品的任何没收、毁灭和故意损害均应予以禁止并受法律制裁。"

但是，看看他们的寺庙是如何被亵渎的，他们宗教艺术的珍宝是如何被抢掠的！

美军的威尔逊将军说："只不过几天，所有宫殿中的贵重物品就都遭到了无情的洗劫；但这主要是亚洲和欧洲士兵干的。在很多抢劫中，他们的指挥官也在场并进行监督。

"北京城被占领并被征服者们成片瓜分，寺庙被亵渎，圣殿被作为营房和兵营侵占，对他们的宗教和非宗教风俗并无丝毫尊重……每个被疑为义和拳，或者甚至只是被看到带着一把锄头穿过田地的中国人，都会被毫不在意地射杀……就像是原始人在战时的行为，抢劫、杀人、放火、劫掠、肆无忌惮地破坏房屋似乎已经成了欧洲和亚洲军队训练的一部分……妇女因为害怕更悲惨的命运而投井或跳河自杀的例子并不鲜见。在通州尤其严重。在那里，一些外国部队肆无忌惮地抢劫、盗窃和破坏。"

如果西方国家怀有哪怕丝毫的公平和正义感，他们就应该在确定赔款数额之后，支付一大笔款额来补偿联军对中国财产财物的大量破坏。

二、尽管中国人有资格参加海牙会议，在这场战争中却自始至终被当做野蛮人。最明显的例子就是这场战争的开端，未经宣战便炮轰大沽炮台。

威尔逊将军说："中国人肯定认为这相当于全面宣战，于是给了义和拳放手攻击北京所有外国人的理由，如果不是借口的话。大沽炮台失守的报道在第二天传至北京，同日下午，总理衙门，也就是中国外交部，手书照会各国驻华使节……限二十四小时内离京，中方许诺给予保护。"如果泰晤士河河口的炮台未经宣战就突然遭到某个国家的舰队炮轰并被摧毁，很可能，那个国家在伦敦的外交使节会在一群愤怒的伦敦人手中饱受折磨。

三、克林德男爵于20日上午到总理衙门，去解释外交使节拒绝离开的决定，在街上被射杀。关于克林德事件，我们也应当注意以下事实：之前不久，两个男人，"显而易见是义和拳，被德国人抓了起来。因为他们在公使馆大街上舞刀弄剑。两人最终被枪毙。人们相信，这一事件加速了事态的发展"。在我看来这当然是极度蛮横和挑衅的行动。如果在伦敦或是华盛顿的中国外交使节，因为两个英国人或美国人在他的公使馆外"舞刀弄剑"而将他们击毙，人们会怎么想！有重要证据显示，克林德男爵因此事才成为攻击目标。一篇发至上海、并于16日发表的报道称他在13日被杀。俄国海军上将从旅顺口发往圣彼得堡的报道称他在同一天被杀。而只有在我们抵达北京时才发现，他直到20日才被杀。

四、在无数的暴行之中，有一起让那场可恶的战争绝对与众不同、对我们的西方文明来说是无比地可耻的事件，那就是俄国人对大沽口沿海一艘平底帆船上300名无助苦力的杀戮。这些苦力从芝罘被带来为英国船舰卸载。他们居住的帆船在俄国人占领的其中一个要塞外靠了岸。俄国人就对他们开火，残忍地杀死了300多人。

这些苦力当时受雇于英国人，然而就我目前所知，英国海军上将似乎并未表示任何抗议，尽管他的座船就停靠在目力所及之处；外交方面也没有任何抗议。那300个芝罘家庭得不到任何补偿，尽管这300名苦力是养家糊口之人；这是不幸的中国人受到的奴隶待遇的一部分。

世界将永远不会知道俄国在满洲的战争的真实历史。下面的几个片段摘自立德夫人[①]在7月15日的《泰晤士报》上发表的文章，与此相关：

"格里布斯基接到从布拉戈维申斯克[②]发来的请示电报后，这位阿穆尔省省长回电道：'战争吗，烧和杀！'……他们就那样把所有中国人赶至江中无法载人的船上。女人把自己的孩子扔上岸，乞求他们至少救救孩子。哥萨克兵用刺刀接住小孩，然后将他们划成几块……

① Mrs. Archibald Little (1845—1926)，英国商人阿奇博尔德·约翰·立德先生（ArchibaldJohn Little，1838—1908）之妻，随夫婿来华生活长达20年(1887—1907)，通过旅行、考察、社会活动等经历，足迹遍布神州大地，是一位非常活跃的外侨夫人和知名作家。

② 俄罗斯远东区城市，中国传统称海兰泡。

“这是一张瑷珲城的照片，是省长要求拍的。哥萨克士兵正在撤离。城市成为废墟，只有高大坚固的烟囱还矗立着。城中居民一个不剩；我听说这是一个有几千人的城市。还有萨哈林[①]那个中国城市的照片，由于是在大屠杀之前，它与布拉戈维申斯克完全相反，照的是富商豪华的宅邸，华丽庙宇弧形的屋顶，等等。然后，最引人瞩目的是一张大屠杀之后在萨哈林举行的感恩仪式的照片。‘不是因为大屠杀，’摄影者说，‘而是因为它不再是萨哈林，而是俄国的前哨了。’它确实不再是萨哈林了。那里的人仍然说江中满是被突然投进去的中国人——无罪的、和平的居民。另一张照片拍摄了已然成为废墟的萨哈林，前景是一群女士从布拉戈维申斯克欣赏这一景色。那些废墟仍在冒烟，依然是只有坚固的烟囱孤独地矗立着。在那张宗教仪式的照片正中，是一个很大的东正教十字架和被几名祭司围绕着的一个圣坛，格里布斯基将军为首率领他的部下列于一边，所有的显要人物列于另一边。所有人都在郑重地感谢全能的主让他们毁灭了一座拥有5000到6000居民的城市。照片中的人恐怕没有一个可以声称这些居民曾对俄国人动过手。在此之前，他们的主要工作一直是为俄国人驾货车、运重物，在他们的店铺和家里干活。男人、女人和孩子都被屠杀了，而且，看起来，与黑龙江右岸的中国人的每次纠纷都是这样解决的。

“据说，指挥远征军从西侧进入满洲的奥尔洛夫少将受到

① 英文为Sakhalin，俄文为Сахалин，应指俄罗斯联邦萨哈林州。然此处的叙述可能有误，似乎还是讲海兰泡。

了严厉斥责，因为他发往总部的每封电报中都会附加一句：‘我恳请得到不伤害平民的许可。’人们试图将在中国的暴行归因于那里主要由阿穆尔的哥萨克兵组成的俄军；但是我访问过的人全都说：‘哥萨克兵不喜欢杀人；除非他们之中有人被杀，他们才会变得凶蛮起来；或者接到指挥官的命令，那时他们就会杀掉每个人。’‘但是他们的指挥官让他们杀掉每个人了吗?’‘我不会明确地这么说的。’这是我得到的答案。‘我当然遵守海牙公约。’等等。就像他们有些人会在谈话中声明的那样，俄国人的打算似乎明显地要从一开始就震慑住对手，这从长远来看，不失为最仁慈的方式。”①

五、我带回一张日本画家的作品，曾在东京的谷中美术馆展览过。但是我的出版商朗曼先生说它不适合你们，我的读者，它不适合发表。但是，威廉·托马斯·斯特德先生将其发表在今年6月份的《评论之评论》上。你看到的永远只能是战争的片断，而非全部的实况。真正的战争毕竟是个十分汗臭难

① 据中国文献记载，1900年7月16日，俄军在海兰泡屠杀无辜百姓5000余人。海兰泡位于黑龙江左岸、精奇里江右岸两江汇合处。1858年中俄签订《瑷珲条约》后成为俄国阿穆尔省首府。1900年7月，俄中开战后，中国居民代表向阿穆尔省军政长官格里布斯基请示，城内中国人是否需要撤离江左。格说：中国人可以不用担忧地留居原地，俄国政府绝不允许和平的外国人受到骚扰。但第二天，格即下令禁止中国人渡江，将全部渡船扣留在江左，派骑兵冲散准备渡江的中国人群，命令一个不留地逮捕所有的中国人。根据格里布斯基的命令，俄军把所有中国人驱至黑龙江边，接连5日，进行四次大屠杀。22日，格里布斯基宣布：海兰泡市的中国人全部被肃清了。同时，俄军还在尼布楚、司特例津、伯力、海参崴、伊尔库茨克、库页岛等处残杀中国群众，被害者总数达20余万人。

闻、暗无天日、血迹斑斑的东西，它可能会糟蹋你文明优雅的下午茶。

六、依我看来，中国的刑罚体系在整体上值得称道。罪犯会因所犯罪行而遭受皮肉之苦，并且依照罪行轻重处刑，最重的刑法用于最恶劣的罪行，而不是像在我们这里那样，住进被称为监狱的政府维持的旅馆。在中国人看来，最恶劣的罪行是蓄意弑父杀母，相应的刑罚被称为凌迟。我有一张这样的照片，是一个中国人拍摄的，但我猜朗曼先生不会让我发表。他是个非常有人性的人，尽管昨天我才发现他还是个人道主义者。

行凌迟之刑时，犯人被绑起来，这样他就毫无反抗能力，一片一片的肉被平静地从他的胳膊、腿等地方割下来。现在，虽然中国并未对西方犯下任何罪行，这个不幸的国家却被施以凌迟之刑。大不列颠先咬了一口，因为中国人不愿沉湎于吸食英国人从中牟利的毒品。接着法国咬下一片，然后德国皇帝过来在中国躯体上最嫩的部分咬下一口，随后日本也咬下了它的那口。现在俄国正咬着满洲这块松软的大肥肉，而鲜血，以6500万英镑赔款的形式，正从每个省份汩汩流出，并会在接下来的42年里继续流淌，除非中国人面对这片动乱之海拿起武器，通过反抗结束动乱。

出于真理和正义，希望这笔赔款永远不会被支付。如果她将自己降格到我们的屠夫水平，她可以轻易地武装起足够多的人民，将所有西方人一起赶出去，或者让他们像贩卖杂货的小贩一样待在她门口的台阶上。下面的表格大致罗列了由此被施加给这个和平国度的凌迟之刑的过程：

凌迟之刑(中英)

瓜分	诱因	结果	领土损失	人口	货币损失
第一次鸦片战争,1840–1842年(开放四个港口。中国损失惨重)。	英国坚持输入鸦片。	《南京条约》,1843年（外国人可在厦门、福州、广州和上海居住及经商）。	割让香港（面积为29平方英里）。	25万	49万两白银
第二次鸦片战争，1856–1858年（开放六个港口。损失更为严重）。	相互误解。部分亚罗号船员被当地官员以走私罪名逮捕。	《天津条约》,1858年（英国公使可以进驻北京。鸦片贸易合法化。开放牛庄、烟台、汕头、海南、琼州和台湾口岸）。			400万两白银
第三次侵华战争，1859–1860年（更多的切割）。	谈判代表在去北京协商天津条约的路上向大沽口开火。	《北京条约》,1860年（英国钦差大员可以常住北京,开天津为商埠）。	已经租借的大陆部分地区和九龙司将被割让。		将《天津条约》的赔款增至800万两白银。
1886年：吞并缅甸；			171430平方英里。	7605560	
逐渐扩大英国沿长江流域的势力范围；			3000英里航道，2000英里可通航。	1.9亿	
英国因害怕俄国人占领而临时占领汉密尔顿港。			270平方英里。	11.8万	
1898年：租借威海卫，期限与俄国占领旅顺口的相同(包括港口、海湾、威海卫，以及刘公岛、海湾中所有岛屿、沿海岸线10英里宽的陆地带)。			400平方英里。	10万	
1898年：租借九龙，包括维多利亚港对面的大陆领土以及与之毗连的东至深圳湾、西至大鹏湾的岛屿和水面，租期99年。					
1899年：英俄协定。大不列颠不得插手长城以北的特许权；作为回报俄国不插手长江流域。					

附注：1901年的6500万英镑赔款中，中国应向每个国家支付的份额应该被加入各表格的货币损失中。

凌迟之刑(中法)

瓜分	诱因	结果	领土损失	人口	货币损失
1858年条约					
1860年,北京条约。		促成1865年的谅解;1894年正式生效。			6000万两白银
1861年,获得交趾支那。			23160平方英里。	240万	
1862年,获得柬埔寨。			40530平方英里。	150万	
1870年,天津大屠杀。	传教士问题。				16万英镑并道歉
1884年,获得越南中圻。			88780平方英里。	500万	
1884年,获得越南南圻。			119660平方英里。	1200万	
1893年,获取老挝领土。			91000平方英里。	4万	
1898年,租借广州湾。	由于德,俄,英的挑衅。		租期99年。		
1899年,租借把守广州湾入口的岛屿。					

凌迟之刑(中俄)

瓜分	诱因	结果	领土损失	人口	货币损失
1685–1689年,中俄战争。	中俄士兵之间的争端以及黑龙间两岸的移民。	《尼布楚条约》,1689年。	俄国只保留了额尔古纳河其中一段的一侧河岸,黑龙江上游的一个支流。	中俄之间有一个攻守同盟。俄国扩张所独具的特点是“它能创造一个同化当地人的系统”。	
1715,数量可观的俄国人定居北京。					
1718年,彼得大帝派出使团。	扩张贸易的欲望	落空。			
1727年,再次划分边界。		保持原先的东边边界,但是调整以额尔古纳河为界的西边边界。允许一支商队每三年进京一次(未果)。			*14316642s 英镑
		1858年,获取黑龙江省。			
		1860年,自黑龙江入江口至高丽前哨的整个满洲鞑靼海岸。		750万	
1895年:俄、德、法、日之间的辽东协议。		各方均获特许权。	362310平方英里	200万	
1899年:英俄协定。实际上将满洲和蒙古移交俄国。		满洲。	1288000平方英里		
1901年:俄军占领满洲被认可。		蒙古。			

*在突厥斯坦叛乱中,俄国占领了中国在中亚的领土;在战争的威胁下,她只放弃了其中一部分,并被许诺会为此得到900万卢布赔偿,分6次支付。

凌迟之刑(中德)

瓜分	诱因	领土损失	人口
1861年,艾林波伯爵[1]率团第一次出使北京。	商人建议政府占领中国部分地区以创建“德国澳大利亚”。	1898年占领胶州(99年租借期)。	
1861年,艾林波伯爵[1]率团第一次出使北京。	1898年,两名传教士被村民杀害。	除海湾以外,受保护领地面积为200平方英里杀害。	6万

附注:据说将来德国人会把胶州作为一张可转让票据,如果俄国想要这个港口,就用它做交换。

凌迟之刑(中日)

瓜分	诱因	结果	领土损失	人口	货币损失
1874年,中国赔偿日本,日本撤离台湾。					50万两白银
1894—1895年,中日甲午战争。	所谓的对中朝外交的干预。	《马关条约》(日本对辽东半岛的占领权;随后将辽东半岛割日本并赔银3000万两)	向日本割让台湾岛(13458平方英里)和澎湖列岛(85平方英里),承认朝鲜完全独立。	2745138 52405	2亿两白银

附注:意大利要求租借浙江三门湾,但遭到拒绝。

① Graf Friedrich zu Eulenburg(1815－1881)。

凌迟之刑(中美)

瓜 分	诱 因	结 果	领土损失	人 口	货币损失
1880年,《中美续修条约》。		任何美国公民不得以任何形式参与鸦片交易。			
1900年,门户开放政策。	美国坚持,当中国真的到了被瓜分的时候,所有国家都应该同意以下条款: (1) 对于在中国的所谓势力范围或租借地内的任何条约口岸或任何既得利益,一概不加干涉。 (2) 中国现行条约税则适用于所有势力范围内一切口岸(自由港除外)所装卸的货物,不论其属何国籍。此种税款由中国政府征收。 (3) 在各自势力范围内任何口岸,对他国入港船舶所征收的入港费,不得高于对本国船舶所征收的入港费;在各自势力范围内修筑、管理或经营的铁路,对他国臣民运输的货物,应与对本国臣民运输同样货物、经过同等距离所征收的铁路运费相等。	所有政府,即大不列颠、俄国、法国、德国、意大利和日本均对此项政策表示支持。			

附注:1901年的6500万英镑赔款中,中国应向每个国家支付的份额应该被加入各表格的货币损失中。

七、“欲使华洋和平共处，不得违背天理人情。”两广总督在1847年做出将广州作为通商口岸开放的让步时，借机将上面的话写给约翰·戴维斯爵士[1]。但是这个老实的中国人没意识到，“天理人情”在外国人与东方打交道的动机中是最无足轻重的东西。

八、《每日快报》的西里尔·亚瑟·培生先生、《环球报》的克雷蒙特·肖恩先生、《威斯敏斯特公报》的约翰·阿尔弗莱德·斯彭德先生允许我在书中引用我给他们的供稿里的片段或插图，我为此向他们致谢。对于我从与他们各自的新闻交往中所得到的关照来说，这些感谢是远远不够的。我还要感谢我的朋友W.J.埃尔南，《纽约新闻报》的特派战地记者，感谢就第十五章关于远征保定府的内容他向我提供的帮助。

九、“文明本身的延续让每一代人都比上一代更为忙碌，并加深了持续的焦虑和责任感。”这句话只适用将速度误认为进步的西方文明，它驱使我们像加大拉猪群[2]一样冲向了天晓得是什么的一道深渊。

十、在每本描写中国的书里都会提到我们在那里的“权利”。它们通常被称为“条约权利”，其实是“强盗权利”。如果一个盗贼破门而入，将一个男人在自家的门厅里打倒，摁在地上，扼住他的喉咙，直到他承诺还会放他进来。对这种行为，西方或许有各种叫法，但以这种方式在东方索取到的承诺就被称为“条约权利”了。

十一、在这场大战和可怕的劫掠中，令人欣慰的是有一些

① 此处原文做“香港总督、开放香港”，与史事不符。

② 《圣经》新约故事，耶稣赶鬼入猪群，猪便纷纷闯下山崖投湖淹死了。

传教士曾悲天悯人地大声疾呼，抗议联军士兵犯下的暴行。但是没人听得到这样的疾呼。他们身边是袖手旁观这场教难的沉默观众。盖斯利将军和他的军官一直在积极地约束自己手下的士兵。查飞将军做得更多，据说他曾给冯·瓦德西伯爵发信，抗议一些德军的行径。我很想看看那个直率的老战士典范所写的信件原文。我永远无法想象，除了直抒胸臆外他还会写下或说出其他任何话。当他的信被元帅退回时，我十分肯定，如果他要做任何道歉的话，他只会为他写信的形式而不是内容道歉。

回顾这场战争，毫无疑问，基督教事业因此严重受挫。中国人对外国人的仇恨现在更加强烈了；如同之前基督教在中国的真正发展十分缓慢一样，在接下来的几年中它的发展肯定还会更加缓慢。

我觉得，对于在中国的所有传教士来说，以我写作的地方为中心，18 便士车费所能达到的范围之内，就有大量需要救赎的灵魂。而在同样的范围内，他们不应当首先从事的工作，就是让中国人抛弃儒家思想或是“最智慧、最慈悲、口吐莲花抚慰众生的佛陀”；那正是他们社会和精神世界的生命。看到德国皇帝为了攫取一个省而将传教士当做活饵，看到法国以他们从国内驱逐出境的那些宗教组织的几个成员为代价，坚持要求得到另一个省，这个被袭击、被欺侮、被欺骗的民族怎么会不发出直冲云霄的呼喊：

我崇拜我们自己的神灵。
也许是他们，
比你们冷酷的基督和混乱的三位一体，
能给我更大的平安欢乐。